日本语教育教材开发委员会　编著
新东方日语教研组　编译

日语完全教程
学ぼう！にほんご
第四册

著作权合同登记号　图字：01-2013-4542

图书在版编目(CIP)数据

日语完全教程. 第四册/日本语教育教材开发委员会编著. —北京：北京大学出版社，2013.9
ISBN 978-7-301-23086-2

Ⅰ.①日…　Ⅱ.①日…　Ⅲ.①日语－水平考试－教材　Ⅳ.①H360.42

中国版本图书馆CIP数据核字(2013)第199134号

Copyright ⓒ 西暦年号 by SenmonKyouiku Publishing Co., Ltd.

中国内の出版・販売権は北京大学出版社が有しており、それについて株式会社専門教育出版は同意した。

经由专门教育出版株式会社同意，本书在中国的出版、销售权归北京大学出版社所有。

书　　　　名：	日语完全教程　第四册
著作责任者：	日本语教育教材开发委员会　编著
责 任 编 辑：	兰　婷
标 准 书 号：	ISBN 978-7-301-23086-2
出 版 发 行：	北京大学出版社
地　　　　址：	北京市海淀区成府路205号　100871
网　　　　址：	http://www.pup.cn　新浪官方微博：@北京大学出版社
编辑部邮箱：	pupwaiwen@pup.cn
总编室邮箱：	zpup@pup.cn
电　　　　话：	邮购部 62752015　发行部 62750672　编辑部 62759634　出版部 62754962
印　 刷　者：	河北博文科技印务有限公司
经 　销 　者：	新华书店

　　　　　　　787毫米×1092毫米　16开本　11.75印张　290千字
　　　　　　　2013年9月第1版　2024年10月第9次印刷

定　　　　价：48.00元

未经许可，不得以任何方式复制或抄袭本书之部分或全部内容。
版权所有，侵权必究

前 言

本套日语系列教材共分5册，其前身为日本专门教育出版社（东京）投入大量人力、物力，汇集日语教学及美工等各方面专家编写设计出版的『学ぼう！にほんご』，本书为其中的第一册。这套系列教材专为日语学校开发，因而设计过程中，特别注重知识点的连贯性和教学的效率，确保各册知识点无重复、无遗漏，以适应从零基础到高级水平的学习。

这套教材中的每册书都设定了相应的学习目标。为了方便广大日语学习者使用本套丛书，我们对原书的结构进行了适当的调整，由6册合并为5册。本套教材以现今权威的"日本语能力测试"（JLPT）为基准，各册书分别与各级考试合格水平一一对应。学完并掌握本册书中80%内容的学生可以达到JLPT的N5级水平。

为实现这一学习目标，本套教材的语法项目基本涵盖了JLPT中出现的各项内容。同时，词汇的分类标准以专门教育出版社（东京）的『1万語語彙分類集』为依据，汉字标准以该出版社的『語彙別漢字基準』为依据。这两本书同时也是该出版社的『日本語学力テスト』的出题标准。这一系统的分类标准不仅得到了广大日语学习者的好评，也得到了日语教育人士的高度评价。通过这些教学大纲及分类标准，本套教材使学习者能够轻松地掌握各水平的语法、句型、词汇和汉字。

《日语完全教程》是一套具备完整体系的教材。与课本配套的有单词手册、练习册和听力练习册。单词手册可有效整理和归纳主教材中的单词，练习册和听力练习册可以帮助学习者巩固已经学到的知识。

本教材现已广泛应用于日本各语言学校及大学预科的日语教育中，在中国被新东方定为日语专用教材。希望它能在国内生根发芽，得到广大日语学习者的喜爱和支持。

2016年4月
编者

まえがき

　本書は、副題「初級から上級までの一貫シリーズ」が示すように、全6巻から成り立っている日本語教科書シリーズの第3巻「初中級」です。
　本シリーズは、国内外を問わず正規の日本語学校の教室で実際に使用されることを目的に開発されたものです。そのため、開発にあたっては、まったくの初心者から上級者までの一連の学習が、すき間なく、かつ重複することなく、効率よく達成できることを最大の目標としました。
　また、それぞれの巻には学習到達目標が定められています。学習到達目標の定め方にはいろいろな手法がありますが、本シリーズは、現在、全世界で70万人もの受験者を擁し、唯一オーソライズされた日本語の試験として『日本語能力試験』があることに鑑み、それぞれの巻に同試験の合格レベルを割り当ててあります。ちなみに、本巻は、ほぼ80％の学生が日本語能力試験のN3に合格できるように構成されています。
　これらの目標を達成するために、本シリーズの文法項目は同試験のシラバスのほぼ全領域をカバーするように構成されています。また、語彙基準は専門教育出版の『1万語語彙分類集』を、さらに、漢字基準は同じく同社の『語彙別漢字基準』を使用しています。この両書は同社の『日本語学力テスト』や『日本語NAT-TEST』の出題基準ともなっているもので、そのレベル基準は日本語教育関係者から高い評価を得ているものです。これらのシラバス、基準の使用によって、本シリーズは、それぞれのレベルに応じた文法、語彙、漢字が無理なく効率よく学習できるようになっています。
　また、本シリーズのもう一つの特色は、各巻ごとに教師用マニュアル、学生用マニュアル、練習問題集、テスト問題集、聴解練習（CD）、絵カード、フラッシュカードなど、周辺教材が豊富に用意されていることです。学生用マニュアルは、世界の主要言語については、ほぼすべて用意されることになっております。本シリーズが皆様の温かいご支援をいただき大きく成長できることを切に願っております。

日本語教育教材開発委員会

課の構成と説明

1. 課の構成
1課8ページで構成されており、1課で3〜4の文型を学習する。
- 1、2ページ：本文と各課目標の提示、新出語彙、本文内容に対する質問
- 3、4ページ：新出文型の提示、定着練習のための問題
- 5、6ページ：既習文型と関連表現の提示、その表現の使い方、復習問題
- 7、8ページ：その課で学習した文型を応用した会話課題と作文課題

＊それぞれの奇数ページに新出語彙を提示。

2. テキストの基本的な進め方
「初中級」と同じく課の最初から順番に進めていく。学習の流れとしては、まず既習の語彙や文型を使って本文を読み、質問に答え、新しい文型を学習し（新出文型を一つずつ練習した後に本文にフィードバックして、より理解を深める）、今まで学習したものを復習して思い出す。そして、それらはどんなときに使うか、どのような使い方をするのかを理解して、最後に応用した会話や作文の練習をする。

3. 各ページタイトルの説明
タイトル…本文の中から抜き出した文。読解のキーワードとなる文。

なんともったいないことか。

目標…その課で学ぶ文型を使って何ができるようになるかという、各課ごとの機能別目標。本書は一つの課で一つの目標をクリアできるように作られている。

目標 感激したことや驚いたことを表せるようにしましょう。

質問…本文の内容についての質問。
① 「私」はブラジルで何を見ましたか。

新出語彙…本文（読解）に出てくる新しい言葉や表現。（vol.1〜3からの積み上げ）

重要な文型と表現…課で新しく学ぶ文型、表現。

重要な文型と表現

1 〜だけあって／だけに／だけの

例…新しい文型の簡単な意味と、本文の中でその文型や表現が使われている文。
　　　（使われていないものには、新しい例文を示してある。）

> 例1　V／A／N　だけあって　（〜ので、やはり…だ）
> ブラジルはサッカー王国と言われているだけあって、至る所で子供達がサッカーをしているのを目にします。

復習と関連表現…今までに習った文型の中で、目標に関係するものの例。

> ✿ 復習と関連表現 ✿
> 復 習　≪出来事の瞬間を表すときに使う文型≫
> 〜くらい／ほど
> 　V　＋　くらい／ほど　　N　＋　くらい／ほど
> 例文　① 一日中歩いて、もう歩けないぐらい疲れました。
> 　　　② 顔が真っ赤になるほど恥ずかしかったです。

そのほかの表現と使い方…そのほかの例、付属表現、会話での使い方を提示。

> 【そのほかの表現】
> 〜おかげで　　〜せいで　　〜れる／られる　　〜てしまう
> 〜（て）もらう（いただく）／くれる（くださる）
> 【使い方】
> ていねいな会話　A：具合はどうですか。
> 　　　　　　　　B：心配していただいてありがとうございます。　…

上手な〜…目標を達成するためのアドバイス。復習した文型を、会話の中でどの
　　　　　ように使うと、上手にコミュニケーションができるかを簡単に説明。

> 上手な感情の表し方
> ◆時間を表す表現をうまく使って、今どんな状況なのかを伝える。

応用練習−話す−…その課で学んだ文型を使った会話。

> 応用練習−話す−
> 中村：昨日、(a)ファッションモデルの(b)「リサコ」を見たんです。
> 小野：えっ！　どこでですか。

課題…応用会話をベースにして、実際にいろんな言葉を自分で考えて会話をすす
　　　めるための指示。

> 課 題
> 　＿＿＿のところを入れ替えて練習してみましょう。
> （1）(a)バスケットボール選手　−　(b)南　−　(c)手が長い　−　(d)背が高かったです　…

応用練習−書く−…その課で学んだ文型を使って文を書く、作文練習の指示。

> あなたの周りに、「〜だけあってすごい」と思うことや、人　…

＊重要な文型と表現…表記のし方

V…動詞（各普通体）　　A…形容詞（各普通体）　　N…名詞

Vた／Vて／Vない　など…それぞれの形　V（ます）　など…マス形でマスをとった形

Aい／Aくて…イ形容詞それぞれの形　A（い）…普通体の語幹のみ

Aな／Aだ…ナ形容詞それぞれの形　A（な）…普通体の語幹のみ

目录

前言 3

まえがき 4

課の構成と説明.. 5

第1課　なんともったいないことか。
　　　　　真可惜啊！... 12
目　標：感激したことや驚いたことを表せるようにしましょう。　　　（上手な感情の表し方）
　　　　あきらめていただけに合格できてとてもうれしいです。
　　　　　　　　　　　　　　　　　　　　　　　　　＊～だけあって／だけに／だけのことはある
　　　　驚いたことに、子供達ははだしで、走ったりボールを蹴ったりしていました。＊～ことに
　　　　この光景こそ、世界一のブラジルサッカーの原点だと思いました。　＊～こそ
　　　　「けんかはやめなさい」と何回注意したことか。　　　　　＊～ことか
　　　　一日中歩いて、もう歩けないぐらい疲れました。　　　　　＊～くらい／ほど

第2課　コースを走る上で、ポイントになるのはどんなところですか。
　　　　　跑赛道时，什么地方是关键？................................. 20
目　標：意志や決心を表せるようにしましょう。　　　　　　　（上手な決心の表し方）
　　　　論文を書く上で気をつけることは、テーマをはっきりさせることだ。＊～上で
　　　　決勝戦にまで勝ち進んだ以上、全力で戦います。　　　　　＊～以上（は）
　　　　走るからには、絶対勝つつもりで走ります。　　　　　　　＊～からには
　　　　父は家族のために、休むことなく働きました。　　　　　　＊～ことなく
　　　　彼にはもう二度と会うまいと心に決めました。　　　　　　＊～まい

第3課　日本食が恋しくてならなかった。
　　　　　想死日本菜了。.. 28
目　標：衝動を表現できるようにしましょう。　　　　　　　（上手な気持ちの伝え方）
　　　　彼がうそをついているように思えてならなかった。　　　　＊～てならない
　　　　子どもが転んだのはかわいそうだったが、笑わないではいられなかった。
　　　　　　　　　　　　　　　　　　　　　　　　　＊～ないではいられない
　　　　声を上げずにはいられないほど、素晴らしい景色でした。　＊～ずにはいられない
　　　　夕べ遅くまでテレビを見ていたので、眠くてしょうがない。＊～てしょうがない／しかたがない
　　　　祖母は、3歳になる孫がかわいくてたまらないようだ。　　＊～てたまらない
　　　　今日は車で来ているので、お酒を飲むわけにはいきません。＊～わけにはいかない

第4課　収入の面からいうと、OLをしていたときよりも苦しいです。
　　　　　从收入方面讲，比做职员时更艰苦。............................ 36
目　標：結果の元となった理由が、どこに書いてあるか理解しましょう。（上手な文章の読み方）
　　　　林さんは中国語ができることから、代表に選ばれました。　＊～ことから
　　　　家の近くで起きた事故なのに、テレビのニュースを通じて初めて知りました。＊～を通じて
　　　　簡単な会話をきっかけにして、お客さんとの距離が近くなった気がしました。
　　　　　　　　　　　　　　　　　　　　　　　　　＊～をきっかけにして

7

犯人の心理からいうと、きっとまた現場に戻ってくるはずです。　＊～からいうと
台風のせいで、電車のダイヤが乱れています。　＊～せいで

第5課　やめようか続けようか決めかねていました。
放弃还是继续，难以抉择。.. 44

目　標：「できない」ということを違う言葉で表現できるようにしましょう。　（上手な否定の仕方）
彼は日本語が全然分からないので、英語で説明せざるを得ません。　＊～ざるを得ない
私は、その意見には賛成しかねます。　＊～かねる
資料が残っていないので、事実かどうか調べようがない。　＊～ようがない
彼は驚きのあまり、言葉が出ませんでした。　＊～あまり
ここが昔は陸でつながっていたなんて信じがたいです。　＊～がたい

第6課　目の不自由な人や盲導犬に関する法律が改正されました。
有关盲人及导盲犬等法律得到了修订。.. 52

目　標：物事の対象をはっきり示すことができるようにしましょう。　（上手な指示の出し方）
子供は親の思い通りにはならない。　＊～通りに／通りに
就職活動に関して、3年生を対象に説明会が行われます。　＊～に関して／関する
この記事は、被害者の話に基づいて書かれたものだ。　＊～に基づいて
憲法の問題をめぐって、国会は荒れている。　＊～をめぐって
環境問題についての論文を書いた。　＊～について／についての

第7課　どこかへ行ったきり、帰ってこなくなってしまいました。
一去不复返。.. 60

目　標：出来事の途中の様子を表せるようにしましょう。　（上手な状況説明の仕方）
また連絡すると言ったきり、田中さんから何の連絡もない。　＊～きり
高いお金を出してブランド品を買ったところ、にせものでした。　＊～ところ
この町からも、美しい自然が失われつつあります。　＊～つつある
買うかどうか何日も迷った末に、結局買うのをやめた。　＊～末に
今、録画をしているところですからビデオは見られません。　＊～ところです／ところへ

第8課　昔から愛されてきた味を残しつつ、新しいものも作られています。
既保留以往深受喜爱的口味，又在开发新产品。.. 68

目　標：同時に起こっているように見えるという気持ちを表せるようにしましょう。（上手な指示の出し方）
学生は、チャイムが鳴るか鳴らないかのうちに、教室を出て行った。＊～か～かのうちに
買物に行くついでに、手紙を出してきてください。　＊～ついでに
部屋の掃除をしなければならないと思いつつ、なかなかできません。＊～つつ
彼は一杯目のビールを飲み干したかと思うと、もう二杯目をついでいる。＊～かと思うと
プレゼントを何にしようか悩んでいるうちに、日が暮れてしまった。　＊～うちに／ないうちに

第9課　絶対に欲しい物は自分の手にとって確かめてからでないと買わない。
想要的东西，不经过亲手确认绝不会买。.. 76

目　標：物事を順番に説明できるようにしましょう。　（上手なアドバイスの仕方）
欲しい物は自分の手にとって確かめてからでないと買わない。　＊～からでないと
行くにしろ行かないにしろ、前日までにはご連絡します。　＊～にしろ

実際に商品を手にとってみないことには買物はできません。　　　＊～ことには
大学に入れるかどうかは、面接の結果次第です。　　　　　　　　＊～次第
担当者が戻り次第、こちらからお電話いたします。　　　　　　　＊～次第（時間）

第10課　何か月にもわたってあわただしく過ごすことになってしまうのです。

好几个月都会在慌乱中度过。..84

目標：場面や時点を表す表現を理解できるようにしましょう。　（上手な注意や連絡の聞き取り方）

新作映画の公開に先立って、銀座で試写会が行われた。　　　　　＊～に先立って
緊急の場合に際しては、係員の指示にしたがって行動してください。＊～に際して
妻は出産するにあたり、実家近くの病院に移った。　　　　　　　＊～にあたって／あたり
この事件は、約10年にわたって調査された。　　　　　　　　　　＊～にわたって
お城の見学はバスで行くことになっています。　　　　　　　　　＊～ことになっている

第11課　不合格だったにしては、意外とあっさりしていることもよくある。

经常出现这样的情况：考试没考上，居然还满不在乎。..............................92

目標：物事をどの立場から考えているか理解できるようにしましょう。　（上手な読解の仕方）

学生の立場からすると、1か月に10万円の家賃は高い。　　　　　＊～からすると／からすれば
子供にしたら、親が思っているほど大事なことだとは思っていない。＊～にしたら
今日は、休みのわりに道が空いている。　　　　　　　　　　　　＊～わりに
あの子は、小学生にしてはずいぶん体が大きい。　　　　　　　　＊～にしては
彼女が辞めてしまうのは会社にとって、重大な問題です。　　　　＊～にとって

第12課　東京でも野菜を作れないことはないんですよ。

即便是东京也不是种不了蔬菜。..100

目標：物事を部分的に否定できるようにしましょう。　（上手な問題解決の仕方）

彼女はきれいというよりも、かわいいタイプだ。　　　　　　　　＊～というよりも
タイほどではないけれど、東京でも野菜を作れないことはないんですよ。＊～ないことはない
東京に畑が全くないわけではない。　　　　　　　　　　　　　　＊～わけではない
母が入院して、友達と遊んでいるどころではない。　　　　　　　＊～どころではない
嫌いだったら、無理をして食べることはありません。　　　　　　＊～ことはない

第13課　残念ながら最初はほとんどの人に信じてもらえない。

遗憾的是，一开始几乎没人会相信。..108

目標：逆接の表現が使えるようにしましょう。　（上手な文章の読み方）

吹奏楽部だったと言っても、残念ながらほとんどの人に信じてもらえない。＊～ながら
あの山はきれいだといっても、登ってみるとごみがたくさん落ちている。　＊～といっても
「二度としない」と約束はしたものの、守れる自信がない。　　　＊～ものの
値段が高いからといって、いい品物かどうかは分からない。　　　＊～からといって
このまま少子化が進んだら、ますます高齢化社会になります。　　＊～たら
おかしいわ、4月になってもまだこの桜は咲きませんよ。　　　　＊～ても

第14課　料理の盛り付けにかけては、現在日本で最も高い評価を得ている。

就菜品摆盘方面而言，获得了目前日本最高的评价。................................116

目標：条件を仮定して、それについての結果を言えるようにしましょう。　（上手な説明の仕方）

料理の盛り付けにかけては、現在日本で最も高い評価を得ている。 ＊〜にかけては／かけても
できるものなら、宇宙旅行へ行ってみたい。 ＊〜ものなら
外国へ行くとすれば、どこがいいですか。 ＊〜としたら／とすれば
ここさえ勉強しておけば、明日のテストは大丈夫です。 ＊〜さえ…ば

第15課　予想しない効果が現れてしまうことがあり得るのだ。
可能会产生预想不到的效果。..124

目標：「否定はできない」という気持ちを表せるようにしましょう。　（上手なアドバイスの仕方）
彼は、人に聞いた話を自分で見てきたかのように話す。 ＊〜かのようだ
彼のことだから、またいつもの寝坊だろう。 ＊〜ことだから
お酒を飲んで車を運転すると事故を起こしかねない。 ＊〜かねない
いじめは、どこの学校でも起こり得る問題です。 ＊〜得る（得る）
日差しが強いので、熱中症になるおそれがあります。 ＊〜おそれがある

第16課　「分からないので教えてください」と言うべきなのである。
应该说一句："我不明白，请指教。"..132

目標：人にうまく注意や忠告ができるようにしましょう。　（上手な説得の仕方）
「住めば都」とは、慣れてしまえばどんな場所でも暮らしていけるものだという意味だ。
　＊〜ものだ
「分からないので教えてください。」と、言うべきなのである。　＊〜べきだ／べきではない
友達と仲直りしたいなら、自分から謝ることだ。 ＊〜ことだ
いつまで経っても同じことを聞いていては、それこそ一生の恥というものだ。
　＊〜というものだ
手を使ってはならない。 ＊〜てはならない

第17課　水面から上に見えている部分は、全体のわずか10％にすぎない。
水面上看得见的部分，仅占全体的10％。..140

目標：間違いないと思われる物事を断定して言えるようにしましょう。　（上手な主張の仕方）
水面から上に見えている部分は、全体のわずか10％にすぎない。 ＊〜にすぎない
この事業の失敗は、私の責任にほかならない。 ＊〜ほかならない
彼女は昨日熱があったから、今日も欠席するに違いない。 ＊〜に違いない
美しい言葉が、とても悪い意味で使われているのは、本当に残念だと思うほかない。
　＊〜ほか（は）ない
鈴木選手は、いつもより緊張しているように思われます。　＊〜と思われる／ように思われる

第18課　知っている単語の数や文法はともかく、一番の違いは会話のスピードだ。
掌握的单词数量和语法之类暂且不论，最大的区别是会话的速度。..148

目標：例を挙げる表現をうまく使えるようにしましょう。　（上手な面接の仕方）
彼は、見た目はともかく性格がとてもいい。 ＊〜はともかく
彼はひらがなからして読めないのだから、漢字が書けないのも無理はない。　＊〜からして
あの学生は答えるスピードが速い。そればかりか、間違いがほんどない。　＊〜ばかりか
こんな簡単な漢字は、子供でさえ読める。 ＊〜さえ／でさえ
外務大臣をはじめとする団体が、アメリカに到着しました。　＊〜をはじめ／はじめとして

第19課　お知らせどころか、個人の大事な情報でさえ簡単に見られてしまう。
　　　　別説是通知了，連重要的个人信息都会被轻而易举地看到。．．．．．．．．．．．．．．．．．．．．．．156
目　標：二つの物事が対照的であることを説明できるようにしましょう。　　（上手な文章の書き方）
　　　　技術が発達している国がある一方で、まだまだ整備されていない国もある。　＊〜一方（で）
　　　　都会に住むのは便利な反面、危険も多い。　　　　　　　　　　　　　　　　＊〜反面
　　　　私の意志に反して、サークルの会長にさせられてしまいました。　　　　　　＊〜に反して
　　　　彼は、漢字どころかひらがなも書けない。　　　　　　　　　　　　　　　　＊〜どころか
　　　　彼が怒りっぽいのに対して、彼女はいつもおだやかです。　　　　　　　　　＊〜に対して

第20課　分かり合おうとしない限りは、「新しい国」を作ることはできない。
　　　　不願意互相理解，就无法建立"新的国度"。．．．．．．．．．．．．．．．．．．．．．．．．．．．．．．．164
目　標：物事を限定（する／しない）表現が使えるようにしましょう。　　（上手な説明の読み方）
　　　　できるできないに関わらず、挑戦することが大事です。　　　　　　　　　　＊〜に関わらず
　　　　学生に限り、半額で入場できます。　　　　　　　　　　　　　　　　　　　＊〜に限って／限り／限らず
　　　　部長のお宅でごちそうになったのみならず、お土産までいただいた。　　　　＊〜のみならず
　　　　分かり合おうとしない限りは、「新しい国」を作ることはできない。　　　　＊〜限りは／限り
　　　　私は職種を問わず、いろいろなアルバイトを経験しました。　　　　　　　　＊〜を（は）問わず

新出文型一覧表．．172
五十音順ワードリスト．．179

第1課 ▶ 真可惜啊!

なんともったいないことか。

目標 感激したことや驚いたことを表せるようにしましょう。

　先月、仕事でブラジルに行きました。ブラジルは、サッカー王国と言われているだけあって、町を歩いていると、至る所で子供達がサッカーをしているのを目にします。
　驚いたことに、ゴロゴロと石が転がっていてあまり整備されていない道路の上で、子供達ははだしで、走ったりボールを蹴ったりしていたのです。体の小さい子も、女の子も、みんなはだしで、私より上手にボールを扱っていました。せまい道路を走り回って、暗くなるまで汗を流して遊んでいる彼らの笑顔を見ているうちに、私は、同じように暗くなるまで公園でサッカーをしたり、キャッチボールをしたりして遊んでいた自分の子供の頃を思い出して、とても懐かしい気持ちになりました。それと同時に、私の目の前にあるこの光景こそ、世界一のブラジルサッカーの原点だと思いました。

　日本では、子供達が転んでもけがをしないように、石を捨て、雑草を取りのぞき、水道やトイレまで整備されているきれいな公園を、町や市が税金を使ってたくさん作っています。しかし日本の子供達は、新しい靴をはいて、きれいな服を着て、整備された公園のブランコにじーっと座って、ポータブルのテレビゲームに夢中になっています。ブラジルから帰国した私は、この恵まれた環境をむだにしている子供達を見て、なんともったいないことかと思いました。
　でも、現在、テレビのニュースや新聞で、日本のゲームや

> アニメの製作会社が、世界中で非常に高い評価を得ているのを見て、この光景こそ世界一の日本のゲーム業界の原点なのかとも思い、複雑な気持ちになりました。

質問

① 「私」はブラジルで何を見ましたか。

_____

② 「私」はどうして懐かしい気持ちになりましたか。

_____

まとめ：本文の内容と合っているものを一つ選びなさい。

① 日本のゲームが高い評価を得ているのは、恵まれた環境があるからだ。
② 日本のゲームが高い評価を得ているのは、ブラジルでも子供達がみんな持っているからだ。
③ 日本のゲームが高い評価を得ているのは、子供のころからゲームで遊ぶ機会が多いからだ。

新出語彙

感激（する）　王国　至る所　目にする　ゴロゴロ　石
転がる　整備（する）　はだし　扱う　走り回る　汗を流す
笑顔　キャッチボール　光景　原点　雑草　取りのぞく　水道
市　ブランコ　じーっと　ポータブル　夢中　恵まれる
むだな　もったいない　製作会社　非常に　業界　複雑な
機会

重要な文型と表現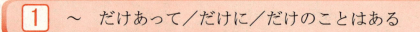

1 ～ だけあって／だけに／だけのことはある

例1 V／A／N だけあって （～ので、やはり…だ）

ブラジルはサッカー王国と言われているだけあって、至る所で子供達がサッカーをしているのを目にします。

例2 V／A／N だけに （～ので、もっと…だ）

あきらめていただけに合格できてとてもうれしいです。
連休の最終日だけに、ひどい渋滞だ。

例3 V／A／N だけのことはある （～ので…と言う価値がある）

これはおいしいですね。さすが、有名なシェフだけのことはあります。

練習 ＿＿＿に言葉を入れて文を完成させましょう。

(1) 一流のホテルだけあって、＿＿＿＿＿＿＿＿＿＿＿＿＿＿＿＿＿＿＿＿。
(2) 苦労しただけに、＿＿＿＿＿＿＿＿＿＿＿＿＿＿＿＿＿＿＿＿＿＿＿。
(3) 彼女の歌は素晴らしい。＿＿＿＿＿＿＿＿＿＿＿＿＿＿だけのことはある。

2 ～ ことに

例1 Vた ことに （非常に～） ＊強い気持ちを表す

驚いたことに、子供達ははだしで、走ったりボールを蹴ったりしていたのです。

例2 Aい／Aな ことに （ 〃 ）

うれしいことに、家の近くにコンビニができるそうです。
不思議なことに、消したはずの部屋の電気がついていました。

練習 ＿＿＿に言葉を入れて文を完成させましょう。

(1) ＿＿＿＿＿＿＿＿＿ことに、大事な試合の日とテストの日が重なってしまった。

(2) 幸運なことに、＿＿＿＿＿＿＿＿＿＿＿＿＿＿＿＿＿＿＿＿＿＿＿＿＿＿＿＿＿＿。
(3) ＿＿＿＿＿＿＿＿＿ことに、＿＿＿＿＿＿＿＿＿＿＿＿＿＿＿＿＿＿＿＿＿＿＿。

3 ～ こそ

例　N　こそ　（大切なことを、他の事ではなく、Nだと強く言う）

この光景こそ、世界一のブラジルサッカーの原点だと思いました。
A：いつも主人がお世話になっております。　B：いえいえ、こちらこそ。

練習　＿＿＿に言葉を入れて文を完成させましょう。

(1) 明日こそ、遅刻しないように＿＿＿＿＿＿＿＿＿＿＿＿＿＿＿＿＿＿＿。
(2) 今年こそ、＿＿＿＿＿＿＿＿＿＿＿＿＿＿＿＿＿＿＿＿＿＿＿＿＿＿＿。
(3) ＿＿＿＿＿＿＿＿＿＿＿＿＿こそ、私が今まで探し求めていたものです。

4 ～ ことか

例1　疑問詞　V　ことか　（非常に～）＊強調して言う

「けんかはやめなさい」と何回注意したことか。
ご両親があなたのことをどれほど心配していることか。

例2　疑問詞　Aい／Aな　ことか　（〃）

この恵まれた環境をむだにしている子供達を見て、なんともったいないことかと思いました。
初めて見た夜の東京タワーは、なんときれいだったことか。

練習　＿＿＿に言葉を入れて文を完成させましょう。

(1) 兄とは今では仲良くしているが、小さいころは何度＿＿＿＿＿＿＿＿＿＿。
(2) 今までに、どれほど＿＿＿＿＿＿＿＿＿＿＿＿＿＿＿＿＿ことか。
(3) ＿＿＿＿＿＿＿＿＿＿＿＿＿＿＿＿＿ときは、どんなに辛かったことか。

やはり　最終　さすが　素晴らしい　不思議な　重なる
幸運な　探し求める　どれほど　どんなに

復習と関連表現

復習　感情を表すときに使う文型

～くらい／ほど
V ＋ くらい／ほど　　N ＋ くらい／ほど

例文　① 一日中歩いて、もう歩けないぐらい疲れました。
　　　② 顔が真っ赤になるほど恥ずかしかったです。

【そのほかの表現】
～おかげで　～せいで　～れる／られる　～てしまう（～ちゃう）
～（て）もらう（いただく）／くれる（くださる）

【使い方】
ていねいな会話　A：具合はどうですか。
　　　　　　　　B：心配していただいてありがとうございます。
　　　　　　　　　おかげさまで、すっかり良くなりました。

友達との会話　　A：具合はどう。
　　　　　　　　B：心配してくれてありがとう。もうすっかり良くなったよ。

上手な感情の表し方

◆「気持ち」を強調する表現を使って伝える。

気持ちを表す表現

Aい：うれしい　悔しい　悲しい
　　　楽しい
Aな：残念だ　満足だ　…　など

「気持ち」を強調する表現

くらい／ほど　おかげで　もらう
（いただく）／くれる（くださる）
れる／られる　てしまう　…　など

例：昨日、電車の中で財布を落として困りました。でも今朝、私の財布を拾った人から電話がかかってきて、夕方、駅で受け取ることになりました。とてもうれしかったです。

▼

昨日、電車の中で財布を落として困ってしまい、泣きたいくらいでした。でも今朝、私の財布を拾ってくれた人から電話がかかってきて、夕方、駅で渡してもらえることになりました。本当にうれしかったです。

クラスの友達と練習しましょう。

練習1 「くらい、ほど」を使って、どのくらいなのか表現してみましょう。

(例) 欲しいです → （　のどから手が出るほど欲しいです。　）
(1) おいしそうです
(2) 悔しいです
(3) 退屈です

練習2 気持ちを強調して理由を考えましょう。

(例) ＿＿あなたが手伝ってくれたおかげで＿＿、仕事が早く終わりました。
(1) 正しいトレーニングのやり方を＿＿＿＿＿＿＿、最近体の動きが非常に良くなってきました。
(2) むだな道路工事を＿＿＿＿＿＿＿、この道はいつも渋滞しています。

練習3 文をつなぐ言葉や気持ちを強調する表現を使って文を言い換えましょう。

(例) 先週、風邪をひいた。友達が薬を持って見舞いに来た。私の代わりに洗濯と料理をした。
→ 先週、風邪をひいてしまいました。その時、友達が薬を持ってお見舞いに来てくれました。そして、私の代わりに洗濯と料理もしてくれました。
(1) 昨日、エレベーターのドアに足がはさまった。痛いので病院へ行った。骨折していた。
(2) アルバイト先で、だれかがお皿を割った。店長は私が割ったと疑った。先輩が「彼ではない」と言った。疑いが晴れた。

感情　真っ赤　おかげさま　悔しい　満足な　受け取る
のどから手が出る（ほど）　退屈な　はさまる　疑う（疑い）
（疑いが）晴れる

応用練習 –話す–

I
中村：昨日、(a) ファッションモデルの (b) リサコを見たんです。
小野：えっ！どこでですか。
中村：山手線の中です。
小野：ええっ、(b) リサコが電車の中にいたら、目立つでしょう。
中村：ええ。同じ車両にいた人は、みんな気付いて騒いでいましたよ。
小野：そうでしょうね。(b) リサコはどんな感じの人でしたか。
中村：(a) ファッションモデルだけあって、(c) スタイルがとてもいいんですよ。
小野：やっぱりそうですか。写真などで見るより (d) きれいでしたか。
中村：ええ、どんなに (e) きれいか、言葉では言い表せないですね。
小野：へえ、だからこそ (a) ファッションモデルとして、何年もかつやくしているんでしょうね。

課題　＿＿＿のところを入れ替えて練習しましょう。

(1) (a) バスケットボール選手 ― (b) 南 ― (c) 手が長い ― (d) 背が高かったです ― (e) 背が高い
(2) (a) 横綱 ― (b) 桜山 ― (c) 堂々としている― (d) 体が大きかったです ― (e) 体が大きい

II
小野：JCテレビに就職が決まったんだってね。おめでとう。
中村：うん、ありがとう。
小野：アナウンサーの試験っていうと、みんな語学が得意なんだろうね。
中村：そうなんだよ。受験者のほとんどが帰国子女で、英語はペラペラなんだ。面接は英語だったから、すごく緊張しちゃったよ。
小野：英語で面接か。それは大変だったね。
中村：うん。テレビ局の試験だけに、周りは頭の良さそうな学生ばかりでさ。
小野：へええ。それで受かるなんてすごいね。
中村：僕よりも優秀な人が不合格で驚いたよ。
小野：努力してきたからこそ、いい結果につながったんだろうね。
中村：あきらめていただけに、受かって本当にうれしいよ。

第1課

課題 中村さんの立場になって、出来事を発表しましょう。

先日、_____。受験者のほとんどが帰国子女だけあって、_____。英語で行われた面接では、とても緊張してしまいました。テレビ局の試験だけに_____が、驚いたことに、_____。合格できて本当にうれしかったです。

応用練習－書く－

あなたの周りに、「～だけあってすごい」と思うことや、人はいますか。なぜそう思うかも書きましょう。

①すごいと思う人／こと　・私の友人Aさん
②～だけあって　　　　　・アメリカに留学していた
③どうなのか　　　　　　・英語で話しかけられても驚かない
　　　　　　　　　　　　　↓

例：私の友人のAさんは、アメリカに留学していただけあって、町で外国人に英語で話しかけられても、驚かないで答えることができます。

_____
_____
_____
_____
_____

ファッションモデル　目立つ　車両　気付く　感じ　言い表す
横綱　堂々と　語学　アナウンサー　帰国子女　ペラペラ
テレビ局　優秀な

第2課 跑赛道时，什么地方是关键？

コースを走る上で、ポイントになるのはどんなところですか。

目標 意志や決心を表せるようにしましょう。

Q：井上選手、おめでとうございます。オリンピック代表に選ばれた今のお気持ちをお聞かせください。
A：東京国際マラソンで優勝できなかったので、ダメかと思っていたんですが、夢の舞台に立てるということで、とても感激しています。

Q：オリンピックのコースを走る上で、ポイントになるのはどんなところですか。
A：オリンピックのコースは、30kmを過ぎたところに、きつい上り坂があるので、その坂まで上位の選手に離されることなく付いていくことです。そうすれば勝つチャンスがあると思っています。

Q：あと1か月ですが、どんな準備をするおつもりですか。
A：そうですね、出ることが夢だったとは言っても、選ばれた以上は、勝つための準備をしっかりしたいと思っています。今、とても調子が良いので、この状態を維持できるように体調管理をしっかりしたいと思います。

Q：最後に、応援している日本のファンの皆さんへ一言お願いします。
A：はい、皆さんの応援のおかげで、オリンピックに出場することができます。本当にありがとうございます。オリンピックでは、皆さんの期待に応えられるように、走るからには、最後まであきらめることなく、絶対勝つつもりで走

りますので、これからも応援よろしくお願いします。
Q：井上選手、お忙しい中、どうもありがとうございました。
　　がんばってください。
A：はい、どうもありがとうございました。

質問

① どうすれば勝つチャンスがあると言っていますか。
_____

② オリンピックに出られることになったのはどうしてだと言っていますか。
_____

まとめ：本文の内容と合っているものを一つ選びなさい。
① 「井上選手」は、オリンピックでは絶対勝とうと思っている。
② 「井上選手」は、今調子が悪いので体調管理をしっかりしようと思っている。
③ 「井上選手」は、東京国際マラソンと同じように優勝しようと思っている。

新出語彙

意志　決心（する）　ポイント　上り（坂）　坂　上位　離す
維持（する）　ファン　一言　期待（する）　（期待に）応える

重要な文型と表現

1 ～上で

例1 Vる 上で （～するときに／場合に） ＊大事なことを言う

コースを走る上で、ポイントになるのはどんなところですか。
論文を書く上で気をつけることは、テーマをはっきりさせることだ。

例2 Nの 上で

まんがやテレビは、日本語学習の上でとても役に立ちます。

練習 ＿＿＿に言葉を入れて文を完成させましょう。

(1) 新しい部屋を＿＿＿＿＿＿、重要なのは駅からの距離だ。
(2) トレーニング＿＿＿＿＿＿、重要なのは＿＿＿＿＿＿＿＿＿＿＿＿＿。
(3) 花を育てる上で注意することは、＿＿＿＿＿＿＿＿＿＿＿＿＿＿。
(4) ＿＿＿＿＿＿、気をつけなければならないことは、＿＿＿＿＿＿＿＿＿。

2 ～以上（は）

例 Vる／た 以上（は） （～のだから、絶対にする／しないのが当然だ）

選ばれた以上は、勝つための準備をしっかりしたいと思っています。
決勝戦にまで勝ち進んだ以上、全力で戦います。

練習 ＿＿＿に言葉を入れて文を完成させましょう。

(1) 早起きすると＿＿＿＿＿＿＿、必ず実行してください。
(2) 日本で＿＿＿＿＿＿＿＿、日本の法律を守ってください。
(3) 新しい企画を自分から提案した以上は、＿＿＿＿＿＿＿＿＿＿＿。
(4) ＿＿＿＿＿＿＿＿＿と決めた以上は、＿＿＿＿＿＿＿＿＿＿＿。

3　〜　からには

例　V　からには　（〜のだから／〜なら、絶対にする／しないのが当然だ）

走るからには、絶対勝つつもりで走ります。
自分でやると言ったからには、最後まで責任を持ってやってください。

練習　＿＿＿に言葉を入れて文を完成させましょう。

(1) たとえ兄弟でも＿＿＿＿＿＿＿＿＿＿＿＿＿、返さなければなりません。
(2) ＿＿＿＿＿＿＿＿＿＿＿＿＿＿＿＿＿＿＿、文句は言えません。
(3) 日本語を勉強するからには、＿＿＿＿＿＿＿＿＿＿＿＿＿＿。
(4) ＿＿＿＿＿＿＿＿＿＿＿からには、＿＿＿＿＿＿＿＿＿＿＿＿＿。

4　〜　ことなく

例　Vる　ことなく　（〜しないで）

最後まであきらめることなく、泳ぎきります。
父は家族のために、休むことなく働きました。

練習　＿＿＿に言葉を入れて文を完成させましょう。

(1) 彼女は＿＿＿＿＿＿＿＿＿＿＿、帰国してしまいました。
(2) 説明書は、＿＿＿＿＿＿＿＿＿＿＿捨てられてしまいました。
(3) 未成年者は＿＿＿＿＿＿＿＿＿＿＿＿＿、一人で決めることはできない。
(4) 兄は高校生のとき＿＿＿＿＿＿＿＿＿＿＿、受験勉強ばかりしていました。
(5) 息子は小さいときから＿＿＿＿＿＿ことなく、＿＿＿＿＿＿＿＿＿＿。

場合　当然　決勝戦　勝ち進む　全力　実行（する）　法律
企画（する）　提案（する）　責任　〜書（説明書）　未成年

復習と関連表現

復習　決心を表すときに使う文型

～まい
V（る）＋まい

例文　① 彼にはもう二度と会うまいと心に決めました。
　　　② みんなに笑われてしまったので、もう二度と人前で歌うまいと思いました。

【そのほかの表現】

たとえ～ても　　～きる／ぬく　　～しかない
V（よ）う（意向形）＋と思う　　～つもり

【関連表現　＜動詞＞】

決める　心に決める　決心する　決意を表す　誓う　心に誓う

上手な決心の表し方

◆しっかりと目標や義務を示して、それについてどうするかを伝える。

＊目標：したいこと
＊義務：しなければならないこと　／　すると決まっていること

目標・義務を示す

どうするかを表す

例：この大学に入りたい。面接、論文のほかに英語と日本語の筆記試験を受けなければならない。

あきらめないで最後までがんばって勉強する。

例：この大学に入るためには面接、論文のほかに英語と日本語の筆記試験を受けなければなりません。そのために、たとえ大変でも、最後まであきらめないでがんばりぬこうと思います。

▶ 練習4

クラスの友達と練習しましょう。

練習1　強い決心を表しましょう。

（例）二度とお酒を飲まない。　→　（　二度とお酒を飲むまい　）
(1) あきらめないで、最後までやる。
(2) 英語に翻訳された「武士道」を読む。

練習2　何をするか考えましょう。

（例）今年こそ、　空手の段を取ろう　と思います。
(1) たとえ苦しくても、＿＿＿＿＿＿＿＿つもりです。
(2) 今度こそ、＿＿＿＿＿＿＿＿まいと思っています。

練習3　できることは何か考えましょう。

（例）合格するまでは、　勉強する　しかない。
(1) 今日は課長が休みなので、＿＿＿＿＿＿＿＿しかない。
(2) 好きな人に彼女がいたので、＿＿＿＿＿＿＿＿しかない。

練習4　目標や義務を示して決意を表しましょう。

（例）映画スターになりたい。
→　私は映画スターになりたいです。そのためには、オーディションに受からなければなりません。たとえ何年かかっても、映画の勉強や演技の勉強を続けて、決してあきらめまいと決めました。

(1) ＿＿＿＿＿＿＿＿＿＿＿＿＿＿＿＿＿＿＿＿＿＿＿＿＿＿＿＿＿＿＿＿
＿＿＿＿＿＿＿＿＿＿＿＿＿＿＿＿＿＿＿＿＿＿＿したい／なりたい。

心に決める　決意（する）　義務　筆記　翻訳（する）　「武士道」
空手　段　苦しい　演技　決して（～ない）

応用練習 –話す–

I
息子：お母さん、ちょっと相談があるんだけど。
母親：えっ、なあに。
息子：実は、会社を辞めようと思って。
母親：ええっ！　辞めてどうするつもり。
息子：(a) イギリスで英文学を勉強したいんだ。
母親：(b) 英文学？
息子：そう。(c) 行くからには、向こうの大学を卒業しようと思ってるんだ。
母親：ふーん。費用はいくらぐらいかかるものなの。
息子：(d) 留学するのにかかる費用は、(e) 年間で300万円ぐらいなんだけど。
母親：そう。(d) 留学するのは構わないけど、費用は全部親に頼らないで、自分で何とかしなさいよ。
息子：えーっ！　そんなの無理だよ。
母親：やると決めたからには、あきらめないで貯金しなさい。

課題　＿＿＿のところを入れ替えて練習しましょう。

(1) (a) 歌手になりたい　―　(b) 歌手　―　(c) やる・自分のCDを出そう　―　(d) レコーディングしたりする　―　(e) 一回で50万円

(2) (a) アメリカで演劇の勉強がしたい　―　(b) 演劇　―　(c) アメリカで勉強する・プロを目指そう―　(d) 演劇スクールに通う　―　(e) 2年間で500万円

II
スタット：田中さん、来年の3月で退職するそうですね。
今　　井：ええ。定年退職まであと5年だし、早期退職すると退職金の額がかなり増えるらしいんですよ。
スタット：へえ、そうなんですか。それで何をするんでしょうか。
今　　井：退職金を元に、ラーメン屋を開くそうですよ。
スタット：ラーメン屋ですか。
今　　井：ええ。やる気満々で、店を開くからには行列ができる店にしたいと言っていましたよ。

スタット：へえ、そうですか。すごいですね。
今井：でも、開業する上でかなりの費用がかかるし、自分で店をやる以上は失敗できないから大変ですよ。
スタット：じゃあ、店がオープンしたら、みんなで行きましょう。

課題 今井さんの立場になって、出来事を発表しましょう。

田中さんは早期退職して、＿＿＿＿＿＿＿＿＿＿＿＿＿＿＿＿＿そうです。
田中さんは、店を開くからには＿＿＿＿＿＿＿＿＿＿＿＿と言っています。
開業する上で＿＿＿＿＿＿＿＿＿＿＿＿し、店をやる以上は＿＿＿＿＿
＿＿＿＿＿＿＿ので、がんばって欲しいです。

応用練習 −書く−

あなたは次のうち、どちらの意見に賛成ですか。なぜそう思うのか、あなたの意見を書きましょう。

①試合や大会に出るからには、優勝しなければ意味がない。
②勝ち負けや賞には関係なく、一生懸命することに意味がある。

例：私は、試合や大会に出るからには、優勝しなければ意味がないという意見に賛成です。なぜなら、…

＿＿＿＿＿＿＿＿＿＿＿＿＿＿＿＿＿＿＿＿＿＿＿＿＿＿＿＿＿
＿＿＿＿＿＿＿＿＿＿＿＿＿＿＿＿＿＿＿＿＿＿＿＿＿＿＿＿＿
＿＿＿＿＿＿＿＿＿＿＿＿＿＿＿＿＿＿＿＿＿＿＿＿＿＿＿＿＿
＿＿＿＿＿＿＿＿＿＿＿＿＿＿＿＿＿＿＿＿＿＿＿＿＿＿＿＿＿
＿＿＿＿＿＿＿＿＿＿＿＿＿＿＿＿＿＿＿＿＿＿＿＿＿＿＿＿＿

年間　構う　頼る　何とかする　レコーディング（する）　演劇
目指す　早期（退職）　（やる気）満々　行列　開業（する）
勝ち負け　賞

第3課　想死日本菜了。

日本食が恋しくてならなかった。

目標　衝動を表現できるようにしましょう。

　長く住んでいた場所から、新しい場所へ移ったとき、最初のうちはだれでも、初めて見るその場所の美しさに感動したり、そこにいなければ決してできなかったようなことを体験したりして、とても楽しく時間を過ごすことができます。
　ところが、だんだんその新鮮な気持ちが無くなってくると、人は少しずつストレスを感じるようになります。特に、長期の仕事や留学、旅行などで、言葉や文化の違う外国へ行った人は、国内で移動した人達よりもかなり強く感じるようになります。日本人の場合、わずか数日間の旅行から帰ってきただけで「日本食が恋しくてならなかった」と言う人がいますが、これもストレスの一つです。また、そうならないように、「海外には梅干を持って行かずにはいられない」と言う人の話もよく聞きます。
　留学生の場合、最初は、外国での新鮮な生活をとても楽しみます。しかし1、2週間経つと、だんだん強いストレスを感じ始めて、1か月後くらいには、多くの学生が、もう帰りたくてしょうがないと思うようになります。これまでの不自由のない生活と、今の不自由な生活を分けて考えられないのです。言葉が通じなくて、本当に欲しかった物が買えなかったり、銀行や郵便局で手続きがうまく行えなかったり、行き方が分からず、行くのをあきらめなければならなくなったりすることに、どんどん不満を感じていきます。
　こうした日常生活の中での小さな不満がたまっていって、

やがて、気付かない間に、大きなストレスになってしまうのです。人によっては、肉体的な病気になる場合もあると言います。
　しかし、2、3か月後くらいには、言葉や文化にもだいぶ慣れてきて、自分で、今の生活と今までの生活をきちんと分けて考えることができるようになってきます。そうすると、ストレスはだんだん弱くなっていきます。行動力のある学生なら、自分でストレスをためない方法を考えて実行するようになります。そうして、ほとんどの学生達がまた、海外での生活を楽しみながら送れるようになるのです。

質問

① 新しい場所に移ったとき、どうなるとストレスを感じ始めるようになりますか。
_____

② 学生のストレスがだんだん弱くなってくるのはどうしてですか。
_____

まとめ：本文の内容と合っているものを一つ選びなさい。
① その場所の言葉や文化に慣れてくると、不満も感じやすくなってストレスも大きくなる。
② 移動したすぐ後のような新鮮な気持ちが無くなってくると、少しずつ不満を感じやすくなる。
③ 国内の移動のほうが、海外へ移動するときよりも、強いストレスを感じやすい。

新出語彙

日本食	恋しい	衝動	移る	ところが	新鮮な	長期
～内	移動（する）	わずか	通じる	手続き（する）	不満	
こうした	たまる	やがて	肉体的な	行動力	そうして	

第3課

重要な文型と表現

1 〜て ならない

例1 Vて ならない （自然にそうなる）

> この写真を見ると、小さかった頃の事が思い出されてならない。
> 彼がうそをついているように思えてならなかった。

例2 Aくて／Aで ならない （がまんできないほど〜）

> アメリカに住んでいる間は、とにかく日本食が恋しくてならなかった。
> 友人が会社を辞めるのが、残念でならない。

練習 ＿＿＿＿に言葉を入れて文を完成させましょう。

(1) 家の前の道路は交通量が多いので、＿＿＿＿＿＿＿＿＿＿＿＿＿＿＿＿＿＿。
(2) ＿＿＿＿＿＿＿＿＿＿＿＿＿＿＿＿＿＿せいで、気が散ってならない。
(3) ＿＿＿＿＿＿＿＿＿＿＿＿＿＿＿＿＿＿のが、いやでならない。

2 〜ないではいられない／〜ず にはいられない

例1 Vない ではいられない （どうしても〜しないでいることはできない）

> 両親が忙しそうにしているので、私も手伝わないではいられない。
> 子どもが転んだのはかわいそうだったが、笑わないではいられなかった。

例2 V（ない）ず にはいられない （「〜ではいられない」と同じ）
　　　　　　　　　　　　　　　　＊する→せ（ず）

> かかえている悩みが重すぎて、誰かに相談せずにはいられなかった。
> 声を上げずにはいられないほど、素晴らしい景色でした。

練習 ＿＿＿＿に言葉を入れて文を完成させましょう。

(1) 知り合いにそっくりだったので、＿＿＿＿＿＿＿＿＿＿＿＿＿＿＿＿＿＿。
(2) お年寄りが重そうな荷物を持っていたので、＿＿＿＿＿＿＿＿＿＿＿＿＿＿。
(3) ＿＿＿＿＿＿＿＿ので、＿＿＿＿＿＿＿＿＿＿ないではいられなかった。

3　〜て　しょうがない／しかたがない

例1　Vて　しょうがない／しかたがない　（自然にそうなる）

外食は味が濃いので、のどが渇いてしょうがない。

例2　Vたくて／Aくて／Aで　しょうがない／しかたがない

（がまんできないほど〜）

先週来たばかりなのに、もう国へ帰りたくてしょうがない。
夕べ遅くまでテレビを見ていたので、眠くてしょうがない。
1点差で負けたので、悔しくてしょうがない。

練習　＿＿＿に言葉を入れて文を完成させましょう。

(1) 第一志望の会社に入社できたので、＿＿＿＿＿＿＿＿＿＿＿＿＿＿＿＿。
(2) 家を出る時に鍵をちゃんと閉めたかどうか、＿＿＿＿＿＿＿＿＿＿＿＿＿＿。
(3) ＿＿＿＿＿＿＿＿＿＿ので、＿＿＿＿＿＿＿＿＿＿＿＿＿＿しかたがない。

＊　〜て　たまらない

例　Vたくて／Aくて／Aで　たまらない　（がまんできないほど〜）

仲が良さそうな親子連れを見ていたら、両親に会いたくてたまらなくなった。
祖母は、3歳になる孫がかわいくてたまらないようだ。

練習　＿＿＿に言葉を入れて文を完成させましょう。

(1) 寂しくて＿＿＿＿＿＿＿＿＿＿＿＿＿＿＿てたまらなくなった。
(2) ＿＿＿＿＿＿＿＿てたまらなくて＿＿＿＿＿＿＿＿＿＿てしまった。
(3) ＿＿＿＿＿＿＿が痛くてたまらなくて、＿＿＿＿＿＿＿＿＿＿＿。

がまん（する）　とにかく　交通量　気が散る　（悩みを）かかえる
声を上げる　知り合い　そっくりな　幼い　入社（する）　親子
（親子）連れ　孫

復習と関連表現

復習　気持ちを強調するときに使う文型

〜わけにはいかない
Vる ＋ わけにはいかない

例文　① 今日は車で来ているので、お酒を飲むわけにはいきません。
　　　② たとえ友達でも、その意見に賛成するわけにはいかないよ。

【そのほかの表現】
〜なければならない　〜て欲しい　〜したい　〜がる

【「〜がる」の使い方】
他の人の気持ちを表すときや客観的に自分の気持ちを表すときに使う。

1. A：今年の夏は北海道に行きたいですね。　　　　　（自分の気持ち）
　 B：いいですね。Cさんも行きたがっていましたよ。　（Cさんの気持ち）

2. 試合に負けて残念がる私を見て、みんな励ましてくれた。
　　　　　　　　　　　　　　　　　　　　　　（客観的に見た自分の気持ち）

上手な気持ちの伝え方

◆否定の形を上手に使って、気持ちを強調して伝える。

＊「できない」という気持ちを強調する…　「できない」という気持ちに、「したら困る、したら大変だ、するのはおかしい」という気持ちを加える。　▶ 練習3

否定の形
〜ない
〜わけにはいかない
〜なければならない
〜わけがない
〜はずがない

例：①そのまま帰ることはできない。
　→　そのまま帰るわけにはいかない。
　②彼は約束を守ると思う。
　→　彼が約束を破るわけがない／はずがない。

強調

▼

例：昨日は、小野さんと待ち合わせをして映画を見に行くことになっていました。しかし、時間になっても小野さんは来ませんでした。電話をしても全然出ませんでしたが、彼が約束を破るはずがないので、それから30分待っていました。チケットは前売りで買っていたので、このまま帰るわけにはいかないと思って一人で映画館に行きました。すると、映画館の前で、携帯電話を忘れて困った顔をしている小野さんを見つけました。

クラスの友達と練習しましょう。

練習1 何をするわけにはいかないか、考えましょう。

(例) 明日、大事なテストがあるので、　学校を休む　わけにはいかない。
(1) 妻が夕飯を作って待っているので、＿＿＿＿＿＿わけにはいかない。
(2) 家のローンが30年残っているので、＿＿＿＿＿＿わけにはいかない。
(3) 医者からタバコをやめるように言われたので、＿＿＿＿＿＿わけにはいかない。
(4) トイレに行きたくなったけど、ちょうど今店内に一人しかいないので、レジから＿＿＿＿＿＿わけにはいかない。
(5) この時計は、亡くなった祖父のプレゼントなので、使えなくなっても、＿＿＿＿＿＿わけにはいかない。

練習2 「〜がる」を使って、他の人の気持ちを表しましょう。

(例) 彼女は寒いと言っています。 → （　彼女は寒がっています。　）
(1) 妹は友達が国に帰るので、残念だと言っています。 →
(2) 子供は熱があるのに、外で遊びたいと言っています。 →
(3) 後ろの車が私を追い越そうとしています。 →

練習3 次の文を読んで、あなたはどんな気持ちになるか考えましょう。

　あなたは選挙で国民に「税金を安くする」と約束しました。そして、当選しました。しかし、あなたの所属している日本党は「税金を安くしない」ことに決めてしまいました。

客観的な　加える　すると　ローン　追い越す　選挙　国民
当選（する）　所属（する）　〜党

応用練習 －話す－

I
鈴木：どうしたの、何かあった。
今井：最近 (a) 禁煙しているんですけど、落ち着かなくて。
鈴木：始めてから、どのくらい経つの。
今井：まだ3日なんですけど、さっきから (b) タバコを吸いたくてしょうがないんです。
鈴木：今が一番辛いときだね。
今井：はい。仕事にも集中できなくて、ミスばかりしてるんです。
鈴木：私も経験があるけど、(c) 仕事がうまくいかないと吸わないではいられないんだよね。
今井：そうなんですよ。(a) 禁煙のせいで余計にイライラしてしまって。
鈴木：それじゃあ、かえって体に良くないんじゃない？　そんなにイライラするなら、やめたらどう。
今井：でも、健康のためには、(a) 禁煙しなければならないと思うんですよね…。
鈴木：じゃあ、(d) ガムでもかんでがまんするしかないね。

課題　＿＿＿＿のところを入れ替えて練習しましょう。

(1) (a) ダイエット　—　(b) 甘い物が食べたくて　—　(c) 疲れてくるとお菓子を食べない　—　(d) シュガーレスのあめでもなめて
(2) (a) 禁酒　—　(b) 冷たいビールが飲みたくて　—　(c) こんなに蒸し暑いとビールを飲まない　—　(d) サイダーでも飲んで

II
小林：最近、体がだるくてしょうがないんだよ。
今井：そうですか。いつ頃からですか。
小林：ゴールデンウィークが終わった頃からなんだけど…。
今井：体がだるいって、どんな感じなんですか。
小林：普通は、起きてしばらく経つと、体も目覚めてくるだろう。
今井：そうですね。
小林：でも私の場合、朝起きたばかりは平気でも、午前中から眠くなってしょうがないんだよ。

今井：がまんできないくらいなんですか。
小林：ああ。仕事中もがまんできなくて、居眠りしてしまうんだ。
今井：それは困りますね。一度病院で診てもらったほうがいいですよ。

課題 小林さんの立場になって、出来事を発表しましょう。

＿＿＿＿＿＿＿＿＿＿頃から、＿＿＿＿＿＿＿＿＿＿＿てなりません。普通は、起きてしばらく経つと目覚めてくるんですが、＿＿＿＿＿＿＿＿＿＿＿＿＿＿＿＿＿＿＿＿。仕事中も＿＿＿＿＿＿＿＿＿＿せずにはいられません。部下には＿＿＿＿＿＿＿＿＿＿＿＿＿＿＿＿と言われました。

応用練習 −書く−

あなたは、「がまんできずについ〜してしまった」という経験がありますか。「〜せずにはいられない」を使って、自分の経験を書きましょう。
例：私は以前、禁煙していましたが、1週間しか続きませんでした。どうしてかというと…

_____
_____
_____
_____
_____

余計な　かえって　シュガーレス　禁酒（する）　蒸し暑い
サイダー　だるい　目覚める　診る　部下　つい

第4課 从收入方面讲，比做职员时更艰苦。

収入の面からいうと、OLをしていたときよりも苦しいです。

目標 結果の元となった理由が、どこに書いてあるか理解しましょう。

　今年の3月に仕事を辞めてから2か月、銀行にお金を借り、物件を選び、食器や家具をそろえ、開店に向けて準備を進めてきました。そして先月、ついに夢だった自分のカフェをオープンすることができました。

　しかし、自分の期待とは逆に、最初の1か月は全然お客さんが来てくれませんでした。そこで、今月の初めに、オープンのときもいろいろと手伝ってくれた友人に、どうすればたくさんお客さんが来てくれるようになるか相談したんです。その友人は「この店はおしゃれでコーヒーもおいしいけど、大通りから少し外れているから、見つけてもらえないんじゃないかな。ネットに地図を載せてみたらどう」とアドバイスをしてくれました。

　それで、まずはお店の場所と名前を知ってもらわなければならないということから、店のホームページを作ることにしたんです。それ以来、毎晩遅くまで本を片手にパソコンとにらめっこをする日が続きました。お店の名前や地図の他にも、おいしいコーヒーを紹介したり、ブログを書けるようにしたり、メールを受け取れるようにしたりしました。そうして、一週間後に出来上がったホームページを、アップロードしました。

　驚いたことに、ホームページの効果はすぐに現れました。アップロードした次の日から、なんとお客さんの数がそれまでの2倍に増えたんです。本当にびっくりしました。さらに、

来てくれたお客さんが、メールをくれたり、ネットの他の掲示板を通じて私のお店の宣伝をしてくれたりもしました。中には「ブログ読みましたよ」なんて声をかけてくれるお客さんもいて、そんな簡単な会話をきっかけにして、お客さんとの距離が近くなった気がしました。収入の面からいうと、まだまだOLをしていたときよりも苦しいですが、気持ちの面からいうと、本当にやりがいがあって、今は毎日が新鮮でとても楽しいです。

質問

① どうして友人に相談しましたか。

___

② ホームページに何を載せましたか。

___

まとめ：本文の内容と合っているものを一つ選びなさい。
① 収入は、OLのときのほうが多いが、カフェはやりがいがあって毎日楽しい。
② 最初からたくさんお客さんが来てくれたので、やりがいがあって楽しい。
③ カフェをオープンしなければならなくなってしまったが、やってみるとやりがいがあって毎日楽しい。

新出語彙

収入　面　OL　物件　そろえる　開店（する）　向ける
ついに　カフェ　逆に　おしゃれな　大通り　外れる
ネット　載せる　片手　にらめっこ　ブログ　出来上がる
アップロード　やりがい

重要な文型と表現

1 ～ことから

例 V／A ことから （～が原因で／～が理由で）

林さんは中国語ができることから、代表に選ばれました。
この辺りは、乗馬の練習場だったことから、練馬という地名が付いたそうです。

練習　＿＿＿に言葉を入れて文を完成させましょう。

(1) 有名なお寺が＿＿＿＿＿＿＿＿＿、ここは観光地として発展した。
(2) オリンピックで＿＿＿＿＿＿、急に世間から注目されるようになった。
(3) 少年犯罪が増えてきたことから、＿＿＿＿＿＿＿＿＿。
(4) 父はお酒がまったく飲めないことから、＿＿＿＿＿＿＿＿＿。
(5) 母はだれに対してもやさしいことから、＿＿＿＿＿＿＿＿＿。

2 ～を通じて

例 N を通じて （～を手段として／～を間に立てて）

ネットの他の掲示板を通じて私のお店の宣伝をしてくれたりもしました。
家の近くで起きた事故なのに、テレビのニュースを通じて初めて知りました。

練習　＿＿＿に言葉を入れて文を完成させましょう。

(1) 私は＿＿＿＿＿＿を通じて、たくさん友達ができました。
(2) 私は日本の生活を通じて、＿＿＿＿＿＿＿＿＿＿＿。
(3) 彼とは、＿＿＿＿＿＿＿＿を通じて知り合いました。
(4) その試合の映像は＿＿＿＿＿＿＿を通じて、全世界に配信されます。
(5) ＿＿＿＿＿＿を通じて、＿＿＿＿＿＿＿＿＿＿＿。

③ 〜を きっかけに（して）

例 N を きっかけにして （あることによって／あることを機会に）

簡単な会話をきっかけにして、お客さんとの距離が近くなった気がしました。
株価が上がったのをきっかけに、景気が良くなっていった。

練習 _____ に言葉を入れて文を完成させましょう。

(1) _____をきっかけに、環境問題の勉強を始めた。
(2) _____をきっかけにして、日本に興味を持つようになった。
(3) 一度連れて行ってもらったことをきっかけにして、_____。
(4) _____、絶対に遅刻はしないようにしている。
(5) 父は体を壊して入院したのをきっかけにして、_____。

④ 〜からいうと

例 N からいうと （〜の立場／〜の状態から判断すると）

今の仕事は、収入の面からいうと、ＯＬをしていたときより苦しいです。
犯人の心理からいうと、きっとまた現場に戻ってくるはずです。

練習 _____ に言葉を入れて文を完成させましょう。

(1) 今までの_____、夕方６時から８時までが一番混みます。
(2) _____からいうと、合格は難しいですね。
(3) あなたの年齢からいうと、_____。
(4) 弟の性格からいうと、_____。

乗馬　地名　発展（する）　世間　注目（する）　少年　犯罪
手段　（間に）立てる　知り合う　映像　配信（する）　景気
（体を）壊す　心理　現場

復習と関連表現

復習　原因や理由を表すときに使う文型

～せいで
V／A ＋ せいで　　Aな／Nの ＋ せいで

例文　① 前の人の背が高かったせいで、舞台がよく見えませんでした。
　　　② 台風のせいで、電車のダイヤが乱れています。

【そのほかの表現】

～ので　　～ために　　～ということだ　　～ものだから

【「～せいで」の使い方】

使える場面　悪い結果の原因になっている場合
　・風邪をひいて熱が出てしまったせいで、宿題ができませんでした。○
使えない場面　良い結果の理由になっている場合
　・何でも話せる友人がたくさんいるせいで、学校生活が楽しいです。×

上手な文章の読み方

◆理由や結果を表す表現を理解する。

今日リーさんは、学校を休んでしまいました。
　昨日、学校の帰りに突然雨が降ってきました。私はリーさんと一緒に帰ったのですが、二人とも傘を持っていなかったので、びしょぬれになってしまいました。私はそこから5分くらいで家に帰れましたが、リーさんは家まで、電車に乗って50分くらいかかるため、もしかしたら雨にぬれたせいで、風邪をひいてしまったのかもしれません。

理由
～ので　～から
～ために

結果
～になる　～にする
～ということだ

原因・理由
～せいで　～ものだから

(判断)
～かもしれない
～だろう／でしょう

▶ 練習3

クラスの友達と練習しましょう。

練習1 「原因」を考えましょう。

(例) アパートの管理人さんにしかられた。 → (昨晩、夜中まで騒いでいたせいで、アパートの管理人さんにしかられた。)
(1) 地球の気温が上昇している。
(2) 家族全員食中毒になってしまった。

練習2 「原因・理由」を考えましょう。

(例) 地下鉄に乗っていて、携帯電話が圏外だった ものですから、連絡できませんでした。
(1) ＿＿＿＿＿＿＿＿ものですから、帰っても、疲れて何もできません。
(2) ＿＿＿＿＿＿＿＿ものですから、だれもいないのかと思いました。

練習3 次の文章から、原因・理由を探しましょう。

> 台風の影響で、ホノルル空港発、成田空港行きの飛行機は一部欠航しております。なお、10時発の356便は、成田空港付近が悪天候のため、関西空港に着陸する場合がございます。航路変更により、到着時刻が大幅に遅れる可能性がございますのでご了承ください。

(1) 飛行機はどうなりましたか。
(2) 原因は何ですか。
(3) 今後どうなる可能性がありますか。

ダイヤ　乱れる　ぬれる　管理人　昨晩　食中毒　圏外
影響（する）　～発　一部　欠航（する）　～便　付近　天候
着陸（する）　航路　変更（する）　時刻　大幅な　了承（する）

応用練習 −話す−

Ⅰ
山田：ここ何年も、ほとんど(a)手紙を書いていないよ。
斉藤：僕もそうだよ。最近は(b)電話やメールで済ませることが多いから。
山田：(c)電話の発明をきっかけに、時代がいっきに変わったんだね。
斉藤：でも、昔の人にとっては、きっと信じられない話だったと思うよ。
山田：そうだね。それまでは(d)遠く離れたところへ、人が手紙を運んでいたんだから。
斉藤：それが、(e)電話線を通じて相手に声が届くんだからね。本当に、すごい発明だよ。
山田：でも、今ではそんなすごい発明品も、(f)携帯電話なら1円で買えるよ。
斉藤：そうだね。この先も、今の僕たちには想像もできないような物がどんどん出てくるかもしれないね。

課題 　＿＿＿のところを入れ替えて練習しましょう。

(1) (a)新聞を読んでいない ― (b)インターネットを見る ― (c)パソコンの普及 ― (d)新聞やテレビでニュースを知るしかなかった ―(e)パソコンを通じて全世界にニュースが伝わる ― (f)小学生でも使える
(2) (a)歩いていない ― (b)タクシーに乗る ― (c)自動車の発明 ― (d)どんな遠いところでも歩いて行った ― (e)自動車を通じて旅行する楽しみが広がる ― (f)公害の原因になって、それを考えた自動車も作られてきている

Ⅱ
斉藤：山田さんは子供の頃から日本語教師になろうと思っていたの？
山田：ううん、子供の頃は警察官になりたかったんだ。
斉藤：じゃあ、なぜ今の仕事を選んだの。
山田：初めて海外旅行をしたとき、旅行会社に現地のガイドを紹介してもらったんだ。
斉藤：へえー、それで？
山田：その人は日本語を勉強中で、いろいろ質問してきたんd。
斉藤：それとどう関係があるの。

山田：日本人なのに、全然うまく説明できなかったから、日本語を教えることに興味を持ったんだよ。

斉藤：そう。旅行をきっかけに、日本語の先生になろうと思ったんだね。

課題　斉藤さんの立場になって、出来事を発表しましょう。

山田さんは日本語教師をしていますが、子供の頃は＿＿＿＿＿＿＿＿＿＿＿＿＿＿＿＿そうです。初めて海外旅行をしたとき、日本語を勉強中のガイドさんが、山田さんにいろいろ質問してきたのですが、＿＿＿＿＿＿＿＿＿＿＿＿ことから、＿＿＿＿＿＿＿＿＿＿＿＿そうです。つまり、山田さんは海外旅行したことをきっかけにして、＿＿＿＿＿＿＿＿＿＿＿＿＿＿＿ということです。

応用練習−書く−

自分が何かを始めるきっかけになったことや反対に何かをやめるきっかけになったこと、嫌いだったものが好きになったきっかけや〇〇さんと友達になったきっかけなどを書きましょう。

＿＿＿＿＿＿＿＿＿＿＿＿＿＿＿＿＿＿＿＿＿＿＿＿＿＿
＿＿＿＿＿＿＿＿＿＿＿＿＿＿＿＿＿＿＿＿＿＿＿＿＿＿
＿＿＿＿＿＿＿＿＿＿＿＿＿＿＿＿＿＿＿＿＿＿＿＿＿＿
＿＿＿＿＿＿＿＿＿＿＿＿＿＿＿＿＿＿＿＿＿＿＿＿＿＿
＿＿＿＿＿＿＿＿＿＿＿＿＿＿＿＿＿＿＿＿＿＿＿＿＿＿

済ませる　電話線　〜品（発明品）　想像（する）　普及（する）
伝わる　公害　現地　ガイド　つまり〜ということだ

第4課

第5課 放弃还是继续，难以抉择。

やめようか続けようか決めかねていました。

目標 「できない」ということを違う言葉で表現できるようにしましょう。

　先日、友人を訪ねて岐阜に行きました。待ち合わせの時間まで少し時間があったので、街をぶらりと歩いてみることにしました。古い和傘の店があったので入ってみると、「いらっしゃいませ。」と元気な声で店の主人が迎えてくれました。
　今年79歳になる主人の加藤さんは、今、各県に一人か二人いるかいないかという和傘職人の一人です。
　和傘とは、焼き物や漆器、染め物と同じように日本の伝統工芸の一つで、和紙と竹を材料にして作る傘のことです。一本出来上がるまでにとても時間のかかる、大変高級な傘です。
　「和傘作り」は、江戸時代から続く技術で、明治時代までは、どこの町にも必ず一人や二人職人がいたそうです。しかし、ものすごい勢いで日本に西洋文化が入ってくると、今私達が日ごろ使っているような、作るのも簡単で値段も安い洋傘がいっきに全国に広まりました。そうして、昭和の初め頃には、和傘の生産量は、一番多かったときの1000分の1になってしまいました。職人の数も収入もかなり減ってしまい、生活は苦しくなったと言います。加藤さんは、和傘は大事な日本の文化だという誇りを持って作っていただけに、これには耐えられなかったそうです。
　しかし、洋傘は売れました。結局は、家族が生活していくために、簡単に作れてよく売れる洋傘を中心に、商売せざるを得ない状況になってしまったのです。良い物を作ったとしても売れなければ意味がないと考えるようになった加藤

さんは、和傘作りをやめようか続けようか決めかねていました。そんなある日、たまたま店の前を通りかかった外国のお客さんが「和傘は日本人の性格をとてもよく表していますね。工夫とこだわりがつまっています。」と言ったのを聞いて、「あぁ、やめちゃだめだ。」と、考え直したそうです。

しかし、実際は、伝統を守り続けようとは思っていても、「私も作りたい」と言ってくれる人が現れないので、技術を残しようがありません。それに、たとえ現れたとしても、必要な技術レベルが高すぎるあまり、その人を一人前に育てることが難しいとも言われています。

加藤さんは、「まだまだ元気だから、あと10年は大丈夫。」と笑顔を見せてくれましたが、私はとてもさみしい気持ちになりました。

質問

① 和傘とはどんなものですか。

② どうして洋傘は全国に広まりましたか。

まとめ：本文の内容と合っているものを一つ選びなさい。
① 和傘作りの技術は残せなくても、洋傘作りの技術があるから心配ない。
② 和傘作りの伝統を守っていくことは大切だが、とても難しいことだ。
③ 和傘作りの職人はたくさんいるが、一人前の職人は少ないので大変だ。

新出語彙

訪ねる　ぶらりと　和傘　(店の)主人　各～　職人　焼き物
漆器　染め物　伝統工芸（伝統）　和紙　竹　江戸時代　勢い
西洋　洋傘　昭和（時代）　生産量　誇り　商売（する）
たまたま　通りかかる　工夫　こだわり　つまる　考え直す
一人前

重要な文型と表現

1 〜ざるを得ない

例 V（ない）ざるを得ない　　　＊する→せ（ざる）
（本当はしたくないが、他に方法がないのでするしかない）

簡単に作れてよく売れる洋傘を中心に、商売せざるを得ない状況になってしまったのです。
彼は日本語が全然分からないので、英語で説明せざるを得ません。

練習　＿＿＿に言葉を入れて文を完成させましょう。

(1) 終電に乗れなかったので、＿＿＿＿＿＿＿＿＿＿＿ざるを得ない。
(2) ほかに行く人がいないので、＿＿＿＿＿＿＿＿＿＿＿ざるを得なくなった。
(3) ＿＿＿＿＿＿＿＿＿＿＿ので、＿＿＿＿＿＿＿＿＿＿＿ざるを得なかった。
(4) ＿＿＿＿＿＿＿＿＿＿＿ので、＿＿＿＿＿＿＿＿＿＿＿ざるを得なかった。

2 〜かねる

例 V（ます）かねる
（することが難しい、できないという意味のていねいな表現）

加藤さんは、和傘作りをやめようか続けようか決めかねていました。
私は、その意見には賛成しかねます。

練習　「〜かねる」を使って文を書き換えましょう。

(1) 私は責任者ではないので、そのことについてよく分からない。
　　→＿＿＿＿＿＿＿＿＿＿＿＿＿＿＿＿＿＿＿＿
(2) これ以上詳しいことは、個人的なことなので言いにくい。
　　→＿＿＿＿＿＿＿＿＿＿＿＿＿＿＿＿＿＿＿＿
(3) 依頼人のプライバシーに関わるため、その質問には答えられない。
　　→＿＿＿＿＿＿＿＿＿＿＿＿＿＿＿＿＿＿＿＿

3 ～ようがない

例 V（ます）ようがない （方法がない／どんな方法でも不可能だ）

「私も作りたい」と言ってくれる人が現れないので、技術を残しようがありません。
資料が残っていないので、事実かどうか調べようがない。

練習 ＿＿＿＿に言葉を入れて文を完成させましょう。

(1) 田中さんの住所を知らないので、＿＿＿＿＿＿＿＿＿＿ようがない。
(2) 携帯電話を忘れたので、＿＿＿＿＿＿＿＿＿＿ようがない。
(3) 彼は、全く日本語が分からないので、＿＿＿＿＿＿＿＿＿＿ようがない。
(4) 移動手段が何もなくて＿＿＿＿＿＿＿＿＿＿ようがなかったため、
＿＿＿＿＿＿＿＿＿＿＿＿＿＿＿。

4 ～あまり

例1 V／Aい あまり （状態や感情が強すぎて、悪い結果になる）

必要な技術レベルが高すぎるあまり、一人前に育てることが難しい。
部長は、部下を厳しく叱るあまり、いやがられてしまった。

例2 Nの あまり （〃）

彼は驚きのあまり、言葉が出ませんでした。
母親は心配のあまり、学校まで息子を迎えに行った。

練習 ＿＿＿＿に言葉を入れて文を完成させましょう。

(1) ＿＿＿＿＿＿＿＿＿＿あまり気分が悪くなり、救急車で病院に運ばれた。
(2) ＿＿＿＿＿＿＿＿＿＿ので、うれしさのあまり＿＿＿＿＿＿＿＿＿＿。
(3) 寂しさのあまり、＿＿＿＿＿＿＿＿＿＿＿＿＿＿＿。

終電　依頼人　プライバシー　関わる　事実　救急車

🌸 復習と関連表現 🌸

復習　≪することが難しいことを表す文型≫

～がたい
V（ます）＋がたい

例文　① ここが昔は陸でつながっていたなんて信じがたいです。
　　　② 今の若者の行動は理解しがたいものがたくさんあります。

【そのほかの表現】

　　～にくい　　　～づらい

【「～がたい」の使い方】

　使える場面　できる力はあるがしたくないという場合　（気持ち）
　　　　　・子供や女性を狙った犯罪は許しがたい。　○
　　言い換え：子供や女性を狙った犯罪は許したくない。

　使えない場面　できる力がないという場合　（能力）
　　　　　・けがをしてしまったので走りがたい。　×
　　言い換え：けがをしてしまったので走れない。

上手な否定の仕方

◆否定の表現をうまく使って、不可能であることをやわらかく伝える。
　（日本語は強い表現や直接的な表現を嫌う）

　　　「不可能である」　→　できない、したくない、無理　（直接的な表現）
　　　　　　　　　　　→　～がたい、～にくい　　　　　　（間接的な表現）

例：直接的な表現　　　　　　　　　間接的な表現
①（あの人は）すごく下手です。　①あまり上手とは言いがたいです。
②はっきり言えません。　　　　　②ちょっと言いづらいです。
③近寄れません。　　　　　　　　③近寄りにくいです。
④これには決められません。　　　④これにはちょっと決定しがたいです。

【否定の表現をやわらかくするために使う表現（理由を表す）】

　　～ものだから

▶ 練習4

クラスの友達と練習しましょう。

練習1 「するのが難しい」という気持ちで言いましょう。

(例) となりの部屋の人があまりにもうるさくて、耐えられない。
　→（　となりの部屋の人があまりにもうるさくて、耐えがたい。　）
(1) 電車の中で化粧をする人が、理解できない。
(2) 全然勉強していなかった友人が、合格したことが信じられない。

練習2 「うまくできない」という気持ちで言いましょう。

(例) はっきりしない発音の言葉　→（　発音しにくい　）
(1) 黒板の小さい字
(2) 短い箸

練習3 やわらかい表現を使って言いましょう。

(例) 彼の話は、いつもよく分かりません。
　→（　彼の話は、いつも少し分かりづらいです。　）
(1) 彼女がかわいそうなので、この話は伝えたくありません。
(2) 社長に話しかけるのは緊張します。

練習4 なぜできないのか、理由を考えましょう。

(例) 引越しを手伝って欲しいが、頼めない。
　→　引越しを手伝って欲しいのですが、彼も忙しいものですから、少し頼みづらいです。
(1) 友人の話が、信じられない。
(2) この商品は、値下げできない。

つながる　狙う　否定(する)　間接　近寄る　値下げ(する)

応用練習 −話す−

Ⅰ
長谷川：最近、吉本さんは会社を休んでいるようだね。
竹　内：知らなかった？　実は、吉本さんは仕事を辞めたんだよ。
長谷川：えっ、そうだったの！　どうして辞めちゃったの。
竹　内：それが、(a) 忙しさのあまり、体を壊してしまったみたいよ。
長谷川：そうなる前に、何とかすれば良かったのに。
竹　内：それが (b) 一度に3人も辞めて、人手が足りなくなったらしいの。
長谷川：そっか、それじゃあ、どうしようもないね。
竹　内：吉本さんは、(c) 少し休みたいと思っていたようだけど、言い出せなかったらしくて。
長谷川：じゃあ、(d) 休めなかったせいで、体を壊してしまったんだね。
竹　内：うん。吉本さんは派遣社員だから、仕事を辞めるしかなかったみたいよ。

課題　＿＿＿のところを入れ替えて練習しましょう。

（1）(a) ストレス・ノイローゼになって — (b) 吉本さんは仕事が出来るから期待されていた — (c) だれかに相談したい — (d) だれにも相談できなかった・ノイローゼになった
（2）(a) 低血圧・遅刻が続いて — (b) 朝起きて電車に乗ると貧血を起こしてしまう — (c) フレックスにして欲しい— (d) フレックスにできなかった・遅刻が続いてしまった

Ⅱ
鈴木：山村さんとけんかしたって本当ですか。
今井：ええ、あんなひどいことをされたら、怒って当然でしょう。
鈴木：何があったんですか。
今井：私が貸したカメラを壊したのに、そのまま返してきたんです。
鈴木：えっ、まさか！　それ、本当ですか。
今井：山村さんは修理に出してから返したって言ってたけど、彼の話には納得できなかったんで、店に修理したかどうか問い合わせてみたんです。
鈴木：そこまでしたんですか。
今井：ええ、本人の話だけでは、分かりませんからね。

鈴木：それで、今井さんの予想は当たっていましたか。
今井：ええ、店では山村さんからカメラを預かっていないそうです。
鈴木：うーん。何かの間違いじゃないですか。
今井：いいえ、間違いじゃないですよ。怒りのあまり、言葉も出ませんでしたよ。

課題 鈴木さんの立場になって、出来事を発表しましょう。

今井さんは_____そうです。山村さんが_____
_____のに_____ことが原因のようです。
山村さんは_____と言っていたそうです。
しかし今井さんは、その話には納得しかねたようで、店に問い合わせてみたところ、_____ということでした。

応用練習 −書く−

今までに「〜せざるを得なかった」経験を書きましょう。また、そのときどんな気持ちだったかも書きましょう。

したいことをあきらめざるを得なかった
好きな仕事を辞めざるを得なかった　　　など

_____
_____
_____
_____

人手　言い出す　派遣社員　ノイローゼ　低血圧　貧血
（貧血を）起こす　フレックス（タイム）　問い合わせる
（予想が）当たる

第6課

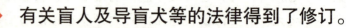

目の不自由な人や盲導犬に関する法律が改正されました。

目標 物事の対象をはっきりと示すことができるようにしましょう。

　先週の日曜日、知り合いが飼っていた「ジョン」という犬が死にました。12歳だったそうです。犬の12歳とは、人間で言えば、だいたい60歳を少し過ぎたくらいです。
　しかし、ジョンが飼い主と一緒に暮らしていた期間は、わずか2年だったそうです。どうしてかというと、ジョンは盲導犬として育てられたからでした。
　盲導犬とは、目の見えない人や見えにくい人の歩行を助け、その人の指示通りに動いて、行きたいところへ行けるようにサポートする犬のことです。
　盲導犬になるために生まれてきた子犬は、生まれてから2か月くらいでボランティアの人に預けられます。そうして約1年間、家族のように愛情を込めて育てられるのです。私の知り合いはそのボランティアの会員として、生まれたばかりのジョンを預かりました。
　その後、ジョンは訓練センターに引き取られ、7、8か月の訓練の後、実際に盲導犬を必要としている方のもとへ送られ、そこで約10年間を過ごしました。そして去年、仕事を引退して、また彼の家に戻ってきたということなのです。
　私は、それまで全く興味がありませんでしたが、知り合いとこのような話をしたのをきっかけにして、盲導犬に関する情報を少し調べてみました。
　日本では、平成15年に、目の不自由な人や盲導犬の受け入

れに関する法律が改正されました。それに基づいて、公共の施設だけでなく、民間のホテルやレストランにも、盲導犬と一緒に入ることが認められるようになったことや、盲導犬の他にも、介助犬や聴導犬という犬がいて、いろいろな障害を持つ人をサポートしてくれていることなどを知りました。

　それと同時に、法律が改正された今でも、盲導犬の入店をめぐっては、まだまだ店側とのトラブルが絶えないなどの問題点があることも分かりました。

質問

① ジョンはどうして飼い主と2年しか暮らせなかったのですか。

_____

② 盲導犬とはどんな犬のことですか。

_____

まとめ：本文の内容と合っているものを一つ選びなさい。
① 日本では、盲導犬と一緒にレストランに入ることができる。
② 日本では、図書館や病院だけは、盲導犬と一緒に入ることができる。
③ 日本では、法律で、すべての施設に盲導犬が入ることは許されていない。

新出語彙

盲導犬　改正(する)　飼い主　歩行　指示(する)
サポート(する)　子犬　約〜　愛情　(愛情を)込める
引き取る　もと　引退(する)　受け入れ　公共　施設　民間
介助犬　聴導犬　障害　入店(する)　絶える　問題点

第6課

重要な文型と表現

1　〜通り(とお)りに／通(どお)りに

例1　Vる／た　とおりに　V(ます)　どおりに（〜と同じに／同じように）

お願(ねが)いした通(とお)りに買ってきてくれましたか。
子供は親の思い通(どお)りにはならない。

例2　Nの　とおりに　N　どおりに　（〃）

前(まえ)にお配(くば)りした案内状(あんないじょう)の通(とお)りに、7月1日に新しいお店をオープンします。
盲導犬(もうどうけん)とは、目の見えない人や見えにくい人の指示(しじ)通(どお)りに動いて、行きたいところへ行けるようにサポートする犬のことです。

練習　＿＿＿＿に言葉を入れて文を完成(かんせい)させましょう。

(1) ＿＿＿＿＿＿＿＿＿＿通(どお)りにすれば、問題は起(お)こりません。
(2) 本に書いてある通(とお)りに＿＿＿＿＿＿＿たら、＿＿＿＿＿＿＿＿＿。
(3) ＿＿＿＿は＿＿＿＿＿＿＿に親切な人だった。
(4) ＿＿＿＿は＿＿＿＿＿＿＿に美しかった。

2　〜に関(かん)して／関(かん)する

例　Nに　関(かん)して　Nに関(かん)するN　（〜について）

就職活動(しゅうしょくかつどう)に関(かん)して、3年生を対象(たいしょう)に説明会が行(おこな)われます。
目の不自由(ふじゆう)な人や盲導犬(もうどうけん)の受(う)け入(い)れに関(かん)する法律(ほうりつ)が改正(かいせい)されました。

練習　＿＿＿＿に言葉を入れて文を完成(かんせい)させましょう。

(1) ＿＿＿＿＿＿＿＿＿＿＿＿＿＿記事(きじ)を新聞で読んだ。
(2) ＿＿＿＿＿＿＿＿＿＿＿＿＿＿、レポートを書き終(お)えた。
(3) ＿＿＿＿＿＿＿＿＿＿＿＿＿＿講義(こうぎ)を頼(たの)まれました。
(4) ＿＿＿＿＿＿＿＿＿＿＿＿＿＿問題は、解決(かいけつ)が難(むずか)しいです。

3 〜に 基づいて

例 Nに 基づいて　Nに基づいたN　（〜を元にして…する）

この記事は、被害者の話に基づいて書かれたものだ。
今、話題になっている本は、事実に基づいた小説です。

練習　＿＿＿に言葉を入れて文を完成させましょう。

(1) アンケートに基づいて＿＿＿＿＿＿＿＿＿＿＿＿＿＿＿＿＿。
(2) ＿＿＿＿＿＿＿は、＿＿＿＿＿＿＿＿に基づいて編集されたものです。
(3) これは、実験データに＿＿＿＿＿＿＿＿＿＿＿＿＿＿＿＿＿。
(4) この映画は＿＿＿＿＿＿＿に基づいて＿＿＿＿＿＿＿＿＿＿＿＿。

4 〜を めぐって

例 Nを めぐって　（〜を議論や争いの中心点として）

盲導犬の入店をめぐっては、まだまだ店側とのトラブルが絶えません。
憲法の問題をめぐって、国会は荒れている。

練習　＿＿＿に言葉を入れて文を完成させましょう。

(1) 車内のマナーをめぐって、＿＿＿＿＿＿＿＿＿＿＿＿＿＿＿＿。
(2) 学校の規則をめぐって、＿＿＿＿＿＿＿＿＿＿＿＿＿＿＿＿。
(3) ＿＿＿＿＿＿＿＿＿＿をめぐって、意見が分かれました。
(4) ＿＿＿＿＿＿＿＿＿＿をめぐって、争いになりました。

配る　記事　講義　解決（する）　編集（する）　実験（する）
議論（する）　争い　中心点　憲法　荒れる　（意見が）分かれる

復習と関連表現

復習 ≪動作の対象を表すときに使う文型≫

～について（つきまして）／についての
N ＋ について V　　N ＋ についての N

例文　① 警察はこの事件について調査を開始しました。
　　　② 環境問題についての論文を書いた。

【そのほかの表現】
～に対してV　　～に応じてV　　～にしたがってV
～に対するN　　～に応じたN　　～にしたがったN

【使い方】
教室での会話　学生：明日の作文は、何について書けばいいんですか。
　　　　　　　先生：明日の作文のテーマは、「社会福祉」についてです。

会議での会話　参加者：この問題について説明してください。
　　　　　　　発表者：はい。この問題につきましては、2枚目の資料を
　　　　　　　　　　　見ながらご説明いたします。

上手な指示の出し方

◆動作の対象を示して、それについて何をするのか、はっきりと伝える。

指示を出すときに必要なもの
・いつ　・どこで　・だれが　・何について　・何をする

▼

・夏休み中　・図書館　・大学4年生
・卒業論文のテーマ　・参考資料を集めて調べる
＋
「指示」を表す文末表現

▼

例：「大学の教授から学生に対する指示」
　4年生の皆さんは、夏休みのうちに、図書館で卒業論文のテーマについての
参考資料をできるだけ多く集めて調べておいてください。

▶ 練習4

クラスの友達と練習しましょう。

練習1 対象を考えましょう。

(例) フロイトの心理学 について、レポートを書く。
(1) 彼は＿＿＿＿＿＿に対して、答えてくれなかった。
(2) ＿＿＿＿＿＿に応じて、クラスを決めます。
(3) 私は＿＿＿＿＿＿について、＿＿＿＿＿＿と思います。

練習2 相手を考えましょう。

(例) 私は、アルフレッド・ノーベル という人物について、あまりよく知りません。
(1) ＿＿＿＿＿＿に対して、感謝の気持ちを表す手紙を書いた。
(2) ＿＿＿＿＿＿に対して、心から謝罪します。

練習3 「相手」と「対象」を考えましょう。

(例) 日本人 に対して、キリスト教 についての話をします。
(1) ＿＿＿＿＿＿に対して、＿＿＿＿＿＿について説明します。
(2) ＿＿＿＿＿＿に対して、＿＿＿＿＿＿について報告しました。

練習4 「相手」と「対象」を考えて、（ ）の中の動詞を使って指示を出しましょう。

(例) 1、2年生 に（対して）、中華街 で 忘年会 をすると
(伝える → 伝えておいてね)。

(1) ＿＿＿＿に、＿＿＿＿についての＿＿＿＿を
(渡す → 　　　　　)。
(2) ＿＿＿＿までに、＿＿＿＿で ＿＿＿＿を
(払う → 　　　　　)。

開始（する）　社会福祉　参考　文末　心理学　謝罪（する）
〜教　〜街（中華街）　忘年会

応用練習 −話す−

Ⅰ
大学生：すみません、(a) 生活費についてのアンケートに協力してもらえませんか。
留学生：(a) 生活費についてのアンケートって、何に使うんですか。
大学生：「留学生をめぐる生活事情」という比較文化のレポートのためです。
留学生：比較文化ですか。
大学生：はい。今 (b) 留学生のお金の使い方について調べていて、アンケートの結果を元にレポートを書く予定なんです。
留学生：(a) 生活費と比較文化と、どう関係があるんですか。
大学生：学生の出身国によって (c) 何に一番お金をかけているかで、文化の違いを表すというものです。
留学生：分かりました。じゃあ、協力します。

課題 ＿＿＿のところを入れ替えて練習しましょう。

（1）（a）勉強方法 ― （b）各国の試験勉強の仕方 ― （c）どんな勉強の仕方をしているか
（2）（a）マナー ― （b）各国の食事のときのマナー ― （c）どんな作法があるか

Ⅱ
大島：ねえ、今朝の新聞読んだ。
村上：いや、まだだけど。何か大きな事件でもあったの。
大島：大学生の就職についての記事が載っていたよ。
村上：えっ、どんな内容。
大島：それが大学を出て就職しても、3年経つと会社を辞める人が全体の15パーセント近くに上るんだって。
村上：えっ！ そんなに？ 希望通りの会社じゃないから…。
大島：それが、希望通りに就職しても、仕事内容や労働条件に不満を抱いて辞めていく人が多いらしいよ。
村上：ふうん。就職活動は、自分の希望に合う会社かどうか慎重に調べてからにしなきゃだめだね。

課題 村上さんの立場になって、出来事を発表しましょう。

今朝の新聞に、＿＿＿＿＿＿＿＿＿＿＿＿＿に関する記事が載っていたそうだ。大学を卒業後、＿＿＿＿＿＿＿＿＿＿＿＿＿＿＿＿＿＿近くに上るということだ。希望通りの会社に就職しても、＿＿＿＿＿＿＿＿＿＿＿＿＿＿＿＿＿＿＿＿＿＿＿＿＿＿が多いらしい。就職活動は＿＿＿＿＿＿＿＿＿＿＿＿＿＿＿＿＿＿＿＿と思った。

応用練習 –書く–

あなたの国で今、よく話題になることは何ですか。そのことに関して社会の人々はどう思っていますか。それに対するあなたの意見を書きましょう。

　　子供の教育をめぐる問題・車内マナーをめぐる問題　など

例：今、日本では少年犯罪をめぐって多くの議論がなされています。年々、未成年者による犯罪が増加しているため、もっと法律を厳しくしたほうがいいという意見も出ています。

第6課

＿＿＿＿＿＿＿＿＿＿＿＿＿＿＿＿＿＿＿＿＿＿＿＿＿＿
＿＿＿＿＿＿＿＿＿＿＿＿＿＿＿＿＿＿＿＿＿＿＿＿＿＿
＿＿＿＿＿＿＿＿＿＿＿＿＿＿＿＿＿＿＿＿＿＿＿＿＿＿
＿＿＿＿＿＿＿＿＿＿＿＿＿＿＿＿＿＿＿＿＿＿＿＿＿＿
＿＿＿＿＿＿＿＿＿＿＿＿＿＿＿＿＿＿＿＿＿＿＿＿＿＿

～費　比較文化　（お金を）かける　作法　全体　上る　労働条件
不満を抱く　活動（する）　慎重な　なす　年々　未成年

第7課 　一去不復返。

どこかへ行ったきり、帰ってこなくなってしまいました。

目標　出来事の途中の様子を表せるようにしましょう。

　昔々、争いの絶えない国境近くの村に、占いが得意な老人が、息子と二人で住んでいました。

　ある日、老人の飼っていた馬がどこかへ行ったきり、帰って来なくなってしまいました。その時代、馬は荷物を運んだり、畑を耕したりする大事な労働力だったので、近所の人が同情して、「残念ですね。お気の毒に。」と慰めたところ、老人は「いや、もしかしたら、何か良いことがあるかもしれない。」と言いました。

　それから数か月後、逃げた馬が、とても素晴らしい馬を伴って、老人の家に帰ってきました。近所の人は驚いて、「良かったですね。」と言いました。しかし、老人は「いや、これが悪いことになるかもしれない。」と言いました。

　馬が帰ってきた次の日から、老人の息子は、乗馬の練習を始めました。朝から晩まで練習して、ようやく上手に乗れるようになりつつあったある日、馬から落ちて足のももを骨折してしまいました。近所の人は「本当に悪いことが起きてしまいましたね。かわいそうに。」と言いました。しかし、老人は「いや、今度はこれが良いことになるかもしれない。」と言いました。

　息子がけがをしてから間もなく、国境で戦争が始まりました。その村の若者達も、兵士としてその戦争に連れて行かれてしまい、その末に、ほとんどが戦いで命を落としてしま

いました。
　ところが、老人の息子はそのときちょうど足をけがしていて、兵士として役に立たなかったので、戦争に行かずに済みました。そして、戦争が終わってからもずっと長生きしました。
　近所の人は、口をそろえて「人生は、何が良いことになって、何が悪いことになるか、全く予測できませんね。」と言いました。

質問

① 近所の人は、どうして「良かったですね。」と言いましたか。

_____

② どうして老人の息子は戦争に行かなかったのですか。

_____

まとめ：本文の内容と合っているものを一つ選びなさい。
① 人生は良いことより悪いことのほうが多い。
② 人生の良いことの次は必ず悪いことが起きる。
③ 人生は何が良いことになるか分からない。

新出語彙

昔々　国境　老人　畑　耕す　労働力　同情（する）
気の毒　慰める　いや（いいや）　もも　間もなく　兵士
命　（命を）落とす　済む　長生き（する）　口をそろえる

重要な文型と表現

1 〜きり

例 Vた きり（…ない）（〜して、そのままずっと）

飼っていた馬がどこかへ行ったきり、帰って来なくなってしまいました。
また連絡すると言ったきり、田中さんから何の連絡もない。

練習 ＿＿＿に言葉を入れて文を完成させましょう。

(1) 兄は＿＿＿＿＿＿＿＿＿＿＿＿＿＿＿＿＿＿＿＿＿きり、帰ってこない。
(2) 父は壊れたドアを修理すると言ったきり、＿＿＿＿＿＿＿＿＿＿＿＿＿。
(3) 部長は交渉を一人でやると宣言したきり、＿＿＿＿＿＿＿＿＿＿＿＿＿。
(4) ＿＿＿＿＿＿＿＿＿＿＿＿＿きり、＿＿＿＿＿＿＿＿＿＿＿＿＿＿＿＿。

2 〜ところ

例1 Vた ところ（〜したら、…だと分かった／たまたま…だった）

高いお金を出してブランド品を買ったところ、にせものでした。
欲しい商品についてメーカーに問い合わせたところ、すでに製造中止になっていることが分かった。

例2 Vた ところが（〜したのに、反対に…になった）

友達のためを思って忠告したところが、怒り出してしまった。

練習 ＿＿＿に言葉を入れて文を完成させましょう。

(1) 久しぶりに友人に会ったところ、＿＿＿＿＿＿＿＿＿＿＿＿＿＿＿＿＿。
(2) 体調不良が続いたので病院に行ったところ、＿＿＿＿＿＿＿＿＿＿＿＿＿。
(3) ＿＿＿＿＿＿＿＿＿＿＿＿＿＿＿ところが、日にちを間違えていた。
(4) 健康にいいと言われて＿＿＿＿＿＿＿＿＿ところ＿＿＿＿＿＿＿＿＿＿。

3 ～つつある

例 V（ます）つつある （動作がある方向に向かって続いている途中だ）

この町からも、美しい自然が失われつつあります。
彼の病気は、徐々に回復しつつある。

練習 ＿＿＿に言葉を入れて文を完成させましょう。

(1) 今、山の頂上に、朝日が＿＿＿＿＿＿＿＿＿＿あります。
(2) 景気が良くなり、就職率は＿＿＿＿＿＿＿＿＿あります。
(3) 学生による犯罪が増えて、学校は信用を＿＿＿＿＿＿＿あります。
(4) ＿＿＿＿＿＿＿＿ため、＿＿＿＿＿＿＿＿は減少しつつある。

4 ～末に

例 Vた 末に Nの末に （いろいろ～したあと、最後に）

買うかどうか何日も迷った末に、結局買うのをやめた。
兵士として戦争に連れて行かれ、その末に、ほとんどが命を落としてしまいました。

練習 ＿＿＿に言葉を入れて文を完成させましょう。

(1) ラーメンを食べたくて2時間も並んだ末に、やっと＿＿＿＿＿＿＿＿。
(2) 家業を継ぐか、夢を叶えるか迷った末に＿＿＿＿＿＿＿＿＿＿。
(3) 大学で何を専攻するか検討した末に、＿＿＿＿＿＿＿＿＿＿。
(4) ＿＿＿＿＿＿＿＿かどうか長い間考えた末に、＿＿＿＿＿＿＿＿。

交渉（する）　宣言（する）　ブランド品　にせもの　製造（する）
ため（を思う）　忠告（する）　～出す　体調不良　日にち
失う　徐々に　回復（する）　～率　信用（する）
（どうするか）迷う　家業　継ぐ　（夢を）叶える　検討（する）

第7課

復習と関連表現

復習　出来事の瞬間を表すときに使う文型

〜ところです　〜ところへ・で…
Vる／ている／た　ところです　　Vる／ている／た　ところへ・で…

例文　① 今、録画をしているところですからビデオは見られません。
　　　② 「危ない！」と言われて振り向いたところへ、ボールが飛んできました。

【そのほかの表現】
〜とき　〜始める（た）／〜ている（た）／〜終わる（った）　＋　とき

【瞬間を表すときに一緒に使う表現】
さっき　今　現在　たった今　ちょうど　〜ばかり

上手な状況説明の仕方

◆時間を表す表現をうまく使って、今どんな状況なのかを伝える。

出来事の始まり

例：一緒に住んでいたルームメイトの就職が決まって、今住んでいるアパートを出ることになりました。

今どんな状況か

ルームメイトはもう新しいアパートを見つけて、今引越しの準備をしているところですが、私はまだいい物件が見つからなくて、探しているところです。

 練習3

クラスの友達と練習しましょう。

練習1　「〜ところ」を使って、進行状況を説明しましょう。

(例) A：論文は進んでますか。
　　 B：ええ、＿もう少しで終わるところです＿。
(1) A：まだ、合否通知は届かないんですか。
　　 B：いいえ、ついさっき＿＿＿＿＿＿＿＿。
(2) A：あっ、キムさん、遅かったですね。何かあったんですか。
　　 B：すみません。＿＿＿＿＿＿＿＿、新聞の集金が来たんです。

練習2　いろいろな時間に関する表現を使って言いましょう。

(例) A：もしもし、遅いよ。今、何してるの。
　　 B：ごめん。今、＿仕度し始めたところ＿だからあと30分待って。
(1) A：余ったダンボールを縛っておくから、そこのビニールひも貸して。
　　 B：ちょっと待ってて、こっちのいらない雑誌を＿＿＿＿＿＿＿＿
　　　　てからね。
(2) A：もしもし、今井さんですか。
　　 B：おかけになった電話番号は、現在＿＿＿＿＿＿＿＿、番号をお確かめになって、もう一度おかけ直しください。
　　 A：……。

練習3　状況を説明しましょう。

　弟が、バイクを運転＿＿＿＿＿＿＿＿ときに、交通事故を起こしてしまい、救急車で病院に運ばれました。出血がひどかったので、すぐに手術室に入りました。今、手術を＿＿＿＿＿＿＿＿です。両親は今タクシーで病院に＿＿＿＿＿＿＿＿です。

瞬間　　録画(する)　　振り向く　　ルームメイト　　合否　通知
ついさっき　　集金(する)　　仕度(する)　　余る　　ダンボール
縛る　　ビニールひも　　確かめる　　出血　　手術室

応用練習 −話す−

I
小　林：渡辺さんは (a) 英会話スクールに通っているそうだね。
竹　内：それが、2、3回行ったきりで今は通っていないみたいですよ。
小　林：そうなの？　せっかく上達してきてたのに、どうして。
竹　内：レッスンを受けているとき、先生の指導の仕方が気になったらしいんです。
小　林：それでどうしたの。
竹　内：それで、(b) 先生の説明について意見を言ったら、先生が怒り出しちゃって。
小　林：ああ、渡辺さんは、はっきり言う人だからね。
竹　内：はい。大げんかして、やめてきちゃったそうです。
小　林：ええっ！　他の先生に変えてもらえばよかったのに。
竹　内：今は (c) ラジオを聞きながら家で勉強しているそうですよ。

課題　＿＿＿のところを入れ替えて練習しましょう。

(1) (a) 料理教室　―　(b) 先生の包丁の使い方　―　(c) 料理の本を見ながら、家でいろいろ作っている
(2) (a) ゴルフスクール　―　(b) 先生のスイング　―　(c) テニススクールに通っている

II
長谷川：この前の彼とはうまくいってる。
竹　内：ああ、彼とは一度デートしたきり、会ってないわ。
長谷川：でも、前に告白したら、いい返事がもらえたと言ってたじゃない。
竹　内：うん。電話やメールで連絡しているときは、うまくいきそうだったんだけど…。
長谷川：それで、何が悪かったの。
竹　内：初めてのデートで、10時に待ち合わせたのに、2時間も遅刻してきたのよ。
長谷川：2時間も！　電車が遅れたとか。
竹　内：ううん、寝坊。それなのに、申し訳なさそうな顔もしないのよ。
長谷川：それはひどいわね。
竹　内：うん。だから、よく考えて、もう会わないことにしたの。

課題 長谷川さんの立場になって、出来事を発表しましょう。

　前に竹内さんは＿＿＿＿＿＿＿＿＿＿＿＿＿＿＿と言っていました。けれども＿＿＿＿＿＿きり、＿＿＿＿＿＿＿＿そうです。初めてのデートのとき＿＿＿＿＿＿＿＿ところが、相手の男性が＿＿＿＿＿＿＿＿＿＿＿＿そうです。それで竹内さんは＿＿＿＿＿＿末に＿＿＿＿＿＿＿＿＿＿＿ということです。

応用練習 –書く–

　卒業したきり会っていない先生や、けんかしたきり別れてしまった友人など、「〜たきり」連絡をとっていない人はいますか。どうしてそうなってしまったのか、理由を書きましょう。

例：私には高校を卒業したきり、会っていない友人がいます。彼女とは家が近所で、毎朝一緒に学校へ通っていましたが…。

＿＿＿＿＿＿＿＿＿＿＿＿＿＿＿＿＿＿＿＿＿＿＿＿＿＿＿＿
＿＿＿＿＿＿＿＿＿＿＿＿＿＿＿＿＿＿＿＿＿＿＿＿＿＿＿＿
＿＿＿＿＿＿＿＿＿＿＿＿＿＿＿＿＿＿＿＿＿＿＿＿＿＿＿＿
＿＿＿＿＿＿＿＿＿＿＿＿＿＿＿＿＿＿＿＿＿＿＿＿＿＿＿＿
＿＿＿＿＿＿＿＿＿＿＿＿＿＿＿＿＿＿＿＿＿＿＿＿＿＿＿＿

英会話　上達（する）　レッスン　指導（する）　気になる
大げんか（する）　スイング　うまくいく　申し訳ない
仲直り（する）

第8課

既保留以往深受喜爱的口味，又在开发新产品。

昔から愛されてきた味を残しつつ、新しいものも作られています。

目標 同時に起こっているように見えるという気持ちを表せるようにしましょう。

　日本では、1970年頃に最初の「コンビニ」が誕生しました。コンビニとは、年中無休で営業時間も長く、あまり広くないスペースに、いろいろな商品が置いてある店のことを言います。もともと、食料品や毎日の生活でよく使う便利(convenience)な商品を売っているという意味で「コンビニ」と呼ばれていたのですが、それから10年経つか経たないかのうちに、買い物だけでなく荷物を出すこともできるようになりました。また、電話やガス、水道、電気などの料金も払えるようになり、日用品を買いに行くついでにお金を下ろすこともできるようになり、今では一部の薬も買えるようになりました。そうして、何でもできる便利な店という意味に変わってきたのです。

　そんな便利なコンビニでは、今、高価な電化製品や衣料品も売られていますが、やはり私達が一番多く買っているのは、食べ物や飲み物ではないでしょうか。その中で私が一番気になるのが、カップラーメンです。

　カップラーメンはどんどん変わっています。昔からある塩、しょうゆ、味噌の他に、とんこつ、キムチ、カレー、トマトなどの味もあります。また、昔から愛されてきた味を残しつつ、若い人にも食べてもらえるような新しいものも作られています。新しい商品が出るスピードはとても早くて、昨日新しく出たかと思うと、今日はそのとなりにまた新しいものが並べられているということも珍しくありません。

さらに、コンビニとラーメン屋が一緒になって考えて作った商品などもたくさんあって、そのコンビニでしか売られていないという限定商品も人気です。

　コンビニが家や会社の近くにあれば、私のように毎日利用するという人もたくさんいると思います。そういう人のために、コンビニは、毎日のように新しい商品を並べ、お客さんを飽きさせない方法を常に考えています。だから、わずか数十年で、コンビニ業界に、大企業がいくつも誕生したのだろうと私は思います。

質問

① コンビニのもともとの意味は何ですか。

___

② 限定商品とはどんなものですか。

___

まとめ：本文の内容と合っているものを一つ選びなさい。
① コンビニとは、広いスペースに毎日たくさんの新しい商品を並べ、年中無休で営業している店のことだ。
② コンビニには、高価な電化製品や衣料品もあるが、たくさん売れるのはやはり食料品だ。
③ コンビニで、公共料金が払えるようになったので、大企業に成長した会社がたくさんある。

新出語彙

誕生（する）　年中無休　スペース　もともと　食料品　料金
日用品　高価　電化製品　衣料品　味噌　とんこつ　スピード
限定（する）　飽きる　常に　数〜

第8課

重要な文型と表現

1　～か　～かのうちに

例　V か Vない か のうちに　（～すると、ほとんど同時に）

学生は、チャイムが鳴るか鳴らないかのうちに、教室を出て行った。
子供は椅子に座るか座らないかのうちに、ご飯を食べ始めた。

練習　＿＿＿＿に言葉を入れて文を完成させましょう。

(1) 映画が＿＿＿＿＿か＿＿＿＿＿かのうちに、寝てしまいました。
(2) 信号が青に＿＿＿＿＿か＿＿＿＿＿かのうちに、飛び出すのは危険です。
(3) ＿＿＿＿＿か＿＿＿＿＿かのうちに雪が降ってきました。
(4) ＿＿＿＿＿＿＿＿＿かのうちに、＿＿＿＿＿＿＿＿＿。

2　～ついでに

例1　V ついでに　（その機会を利用して）

日用品を買いに行くついでにお金を下ろすこともできるようになりました。
買物に行くついでに、手紙を出してきてください。

例2　Nの ついでに　（〃）

大阪出張のついでに、学生時代の友人に会えるかもしれません。

練習　＿＿＿＿に言葉を入れて文を完成させましょう。

(1) 郵便局で小包を出したついでに、＿＿＿＿＿＿＿＿＿。
(2) 部屋を片付けるついでに、＿＿＿＿＿＿＿＿＿。
(3) ＿＿＿＿＿＿＿＿＿ついでに、銀行で振り込みも済ませた。
(4) ＿＿＿＿＿＿＿＿＿ついでに、＿＿＿＿＿＿＿＿＿。

3 〜つつ

例1 V（ます）つつ （〜ながら）

昔から愛されてきた味を残しつつ、若い人にも食べてもらえるような新しいものも作られています。

例2 V（ます）つつ（も）（〜けれども・〜のに）

この時期は混雑すると知りつつも外出してしまった。
部屋の掃除をしなければならないと思いつつ、なかなかできません。

練習 ＿＿＿に言葉を入れて文を完成させましょう。

(1) いろいろな話を＿＿＿＿＿＿＿＿＿、自分の意見をまとめる。
(2) 彼には悪いと＿＿＿＿＿＿＿＿＿、約束を破ってしまった。
(3) この問題は、みんなで何度も＿＿＿＿＿＿＿＿＿、解決していきたい。
(4) ＿＿＿＿＿＿＿＿＿と思いつつも、なかなか実行に移せない。
(5) ＿＿＿＿＿＿＿＿＿つつ（も）、＿＿＿＿＿＿＿＿＿＿＿＿。

4 〜かと思うと

例 Vた かと思うと （〜すると、すぐに）

昨日新しく出たかと思うと、今日はそのとなりにまた新しいものが並べられているということも珍しくありません。
彼は一杯目のビールを飲み干したかと思うと、もう二杯目をついでいる。

練習 ＿＿＿に言葉を入れて文を完成させましょう。

(1) 赤ちゃんは＿＿＿＿＿＿＿＿＿かと思うと、眠り始めました。
(2) 急に空模様が変わったかと思うと、＿＿＿＿＿＿＿＿＿。
(3) 友人は＿＿＿＿＿＿＿＿＿かと思うと、また別の国へ旅立って行った。

飛び出す　小包　振り込み　時期　（実行に）移す　飲み干す
空模様　旅立つ

復習と関連表現

復習　同時に起こる物事を表すときに使う文型

〜うちに／〜ないうちに
V／Aい／Aな／Nの ＋ うちに　　〜ない ＋ うちに

例文　① プレゼントを何にしようか迷っているうちに、日が暮れてしまった。
　　　② 消防隊は、となりの家に燃え移らないうちに火を消しました。

【そのほかの表現】

（同時に起こる物事を表す）
　〜と同時に　　〜間に　　〜最中　　〜と一緒に　　〜ているときに

（同時に起こる変化を表す）
　〜とともに　　〜につれて　　〜にしたがって

【使い方】

山田先生：カルロスさん、どうしたんですか。
カルロス：サッカーの練習をしているときに、骨折してしまったんです。
山田先生：ええ！　9月にまた試合があるって言っていましたよね。
カルロス：はい。でも、夏の間に治ると思うので、試合は大丈夫ですよ。

上手な指示の出し方

◆時間を表す表現をうまく使って、正確に伝える。

指示に使う時間表現
① 〜うちに
② 〜間に
③ 〜同時に
④ 〜と一緒に

例：①暇なうちに宿題をしてしまいなさい。
　　②日本にいる間に、富士山に行って写真を撮ってきてください。
　　③両手を上げると同時に息を吸って、両手を下げると同時に、ゆっくり息を吐きましょう。
　　④食事と一緒に水分もしっかりとっておきなさい。

【指示を出すときに使う文末表現】

〜なさい　　〜てしまいなさい　　〜ておきなさい
〜てください　　〜しましょう

クラスの友達と練習しましょう。

練習1 時間を表す表現を使って、指示を出しましょう。

(例) A：わあ、おいしそうですね。
　　　B：どうぞ、　冷めないうちに　、お召し上がりください。

(1) A：＿＿＿＿＿＿＿、出発するので、準備しておいてください。
　　B：はい、分かりました。

(2) A：夏休みが近くなると、飛行機が満席になるかもしれないね。
　　B：じゃあ、＿＿＿＿＿＿＿、予約しておいて。

練習2 時間を表す表現を使って、説明しましょう。

(例) A：　学生の間に　、いろいろなところへ旅行しようと思ってるんだ。
　　　B：いいね、僕も一緒に行きたいな。

(1) A：昨日発売になったばかりなのに、もうないんですか。
　　B：申し訳ございません、＿＿＿＿＿＿＿、売り切れました。

(2) A：＿＿＿＿＿＿＿、日本の生活に慣れてきました。
　　B：そうですか、良かったですね。

練習3 指示を出しましょう。

(例) 子供が友達の家に遊びに行くとき。
　→　危ないから暗くならないうちに帰ってきなさいよ。
(1) もうすぐ新学期が始まるが、友達は宿題を全くしていない。
(2) あと2か月でマンションの契約が切れる。

日が暮れる　〜隊　燃え移る　正確な　息　(息を)吐く
水分　(水分を)とる　新学期　契約(する)

応用練習 –話す–

I
マルコ　　：日本では、電車の中で(a) 携帯電話をいじっている人が多いですね。
山田先生：ええ。みんな通勤時間が長いから、(b) 暇つぶしにメールをチェックしたりしているんだと思います。
マルコ　　：それにしても、電車に乗り込んでくると、すぐ始めますよね。
山田先生：そうですね。マルコさんの国ではどうですか。
マルコ　　：私の国では、(c) 乗り物の中で携帯電話は使いませんよ。
山田先生：そうですか。日本では、忙しくて移動の電車の中でしかできないんでしょう。
マルコ　　：今日見かけた人はドアが閉まったと同時に、もう(d) メールを見始めていましたよ。
山田先生：日本人は、それだけ時間に追われているということですかね。

課題　＿＿＿のところを入れ替えて練習しましょう。

(1) (a) 寝ている人 — (b) 睡眠不足を補っている — (c) 人前では寝ません — (d) いびきをかいて
(2) (a) まんがを読んでいる大人 — (b) 息抜きしている — (c) 大人はまんがを読みません — (d) まんが本を広げて

II
山田先生：マルコさん、大学はどうですか。
マルコ　　：楽しいですが、大学生にもなると、授業態度の良くない学生が多いですね。
山田先生：そうですか。どんな学生がいるんですか。
マルコ　　：授業が始まってすぐ居眠りを始めたり、いつまでもおしゃべりをやめなかったり…
山田先生：それで？　先生は何も言わないんですか。
マルコ　　：ええ、特に注意はしませんね。
山田先生：迷惑だと思っていながらも注意するのが面倒なんでしょうか。

マルコ　　：この前は、先生が話している途中で、終了のチャイムが鳴ると同時にさっさと教室から出ていく学生もいましたよ。
山田先生：それはひどいですね。

課題　山田先生の立場になって、出来事を発表しましょう。

　大学生になったマルコさんに大学生活について聞いてみたところ、＿＿＿＿＿＿＿＿＿＿＿＿＿＿＿＿＿＿＿＿とのことでした。授業が始まったかと思うと＿＿＿＿＿＿＿＿＿＿＿＿＿学生もいるそうですが、先生は＿＿＿＿＿＿＿＿＿＿そうです。先日も＿＿＿＿＿＿＿＿＿＿＿＿か、＿＿＿＿＿＿＿＿かのうちに＿＿＿＿＿＿＿＿＿＿＿＿＿＿＿＿＿＿＿というひどい学生がいたそうです。

応用練習 –書く–

　「ついでに～てくれるサービス」で、あったらいいと思うものは何ですか。また、そのサービスがあれば、どんな人が利用すると思うか書きましょう。

　例：クリーニングに出した服のボタンが取れそうなとき、ついでに付け直してくれるサービスがあればいいと思います。このサービスがあれば…

_____
_____
_____
_____
_____

　　いじる　　通勤（する）　　暇つぶし　　乗り込む　　見かける
　　（時間に）追われる　　睡眠　　補う　　いびき（いびきを）かく
　　息抜き（する）　　（本を）広げる　　態度　　迷惑な　　面倒な　　さっさと
　　クリーニング

第9課 想要的东西，不经过亲手确认绝不会买。

絶対に欲しい物は自分の手にとって確かめてからでないと買わない。

目標 物事を順番に説明できるようにしましょう。

　あなたは、買いたい商品がある場合、それを実際に手に取って見なくても、雑誌やテレビのCMを見ただけで買うことができますか。それとも、「欲しい物は、絶対に自分の手にとって確かめてからでないと買わない」というタイプですか。私は後者のタイプです。衣服にしろ家具にしろ、実際に商品を手にとってみないことには買い物はできません。

　電話で注文したり、特別な用紙に注文を書いて送ったりするだけで、お店に行くことなく商品を買う方法を、通信販売と言います。通信販売をしている会社は、商品を並べる店を持たないので、自ら作成したカタログをいろいろな場所に置いたり、メディアを利用して宣伝を行ったりして、それを見て注文した人の家に、直接商品を届けます。代金は、お客さんが商品を受け取るときに支払う、という仕組みになっています。19世紀の後半に、国土の広いアメリカで考え出された方法で、地方に住んでいて町に出ないことには買い物もできなかった農民達のために、このような仕組みが作られたと言われています。

　今では日本でも、ウェブやテレビやラジオ、あるいは新聞や雑誌などでも、非常に多くの通信販売の広告を見ることができます。その他にも、ぶ厚いカタログがスーパーやコンビニに置いてあって、買い物に行ったついでに、無料で持って帰ることができるようになっています。ですから、日本人に

とっても、とても身近なものになってきました。
　この前、私も初めて通信販売で気に入ったテーブルを注文してみたのですが、カタログには大きさや色や値段など、とても細かく書いてあったので、安心して注文することができました。しかし、通信販売を利用しようと思うのも、品物次第で、テーブルなどの家具ならいいですが、服や靴をカタログから選ぼうとは思いません。

質問

① 通信販売で商品を買いたい人はどうすればいいですか。

_____

② メディアとは具体的にどんなものがありますか。

_____

まとめ： 本文の内容と合っているものを一つ選びなさい。
① 通信販売のカタログは、スーパーやコンビニで安く買えるので利用する人も多くなってきた。
② 通信販売の宣伝は、商品を並べる店の他にも、メディアやカタログなどでたくさんしている。
③ 通信販売は、とても便利だが、注文しにくい商品もある。

第9課

新出語彙

手に取る　後者　衣服　自ら　作成（する）　カタログ　メディア
届ける　代金　仕組み　〜世紀　後半　国土　考え出す
農民　ウェブ　あるいは　無料　気に入る　細かい　具体的な

重要な文型と表現

1　～からでないと

例　Vて　からでないと
（初めにしなかったら／～した後でなければだめだ）

欲しい物は、自分の手にとって確かめてからでないと買わない。
この機械は複雑で、説明書をよく読んでからでないと使用方法が分からない。

練習　＿＿＿に言葉を入れて文を完成させましょう。

(1) ＿＿＿＿＿＿＿＿＿＿＿＿＿＿＿からでないと、お返事できません。
(2) 当店はお客様からの注文を受けてからでないと、＿＿＿＿＿＿＿＿＿。
(3) 報告書をまとめてからでないと、＿＿＿＿＿＿＿＿＿＿＿＿＿＿。
(4) ＿＿＿＿＿＿＿＿＿からでないと、＿＿＿＿＿＿＿＿＿＿＿＿。

2　～にしろ

例1　Vる／ない　にしろ　（～ても）

行くにしろ行かないにしろ、前日までにはご連絡します。
食欲がないにしろ、薬を飲むなら、先に何か食べた方がいいですよ。

例2　N　にしろ　N　にしろ（～でも）

東京にしろ、ニューヨークにしろ、大都市は物価が高い。
家族にしろ、友人にしろ、彼の悩みを聞いてあげる人はいなかった。

練習　＿＿＿に言葉を入れて文を完成させましょう。

(1) 食べないにしろ、人にお土産をもらったら＿＿＿＿＿＿＿＿＿＿＿。
(2) ＿＿＿＿＿にしろ、＿＿＿＿＿にしろ、死ぬ気でがんばります。
(3) お金があるにしろ、ないにしろ、＿＿＿＿＿＿＿＿＿＿＿＿＿＿。
(4) 相手の人が貧乏にしろお金持ちにしろ、＿＿＿＿＿＿＿＿＿＿＿＿。

3 ～ことには

例 Vない ことには （AをしなければBをすることはできない）

実際に商品を手にとってみないことには買物はできません。
うわさは聞きましたが、本人から聞かないことには、真実は分かりません。

練習 ＿＿＿に言葉を入れて文を完成させましょう。

(1) ＿＿＿＿＿＿＿＿＿＿ないことには、このスポーツはできません。
(2) ＿＿＿＿＿＿＿＿＿＿ないことには、会議を始めるわけにはいかない。
(3) やってみないことには、＿＿＿＿＿＿＿＿＿＿＿＿＿＿。
(4) ＿＿＿＿＿＿＿＿＿＿ないことには、＿＿＿＿＿＿＿＿＿＿＿＿。

4 ～次第

例 N 次第 （Nによって）

うまくいくかどうかは、あなたの努力次第です。
天気次第で、いい野菜ができるかどうかが決まります。
大学に入れるかどうかは、面接の結果次第です。

練習 ＿＿＿に言葉を入れて文を完成させましょう。

(1) 来週、キャンプができるかどうかは、＿＿＿＿＿次第です。
(2) ＿＿＿＿＿＿＿＿＿＿＿＿＿かどうかは、予算次第です。
(3) 課長の決定次第で、＿＿＿＿＿＿＿＿＿＿＿＿＿＿＿。
(4) ＿＿＿＿＿＿＿＿＿次第で、＿＿＿＿＿＿＿＿＿＿＿＿。

当店　前日　食欲　死ぬ気　貧乏　真実　キャンプ　予算

復習と関連表現

復習 　時間の前後を表す文型

～次第
V（ます）＋ 次第

例文　① 試合は雨のため中断していましたが、やみ次第、再開します。
　　　② 担当者が戻り次第、こちらからお電話いたします。

【そのほかの表現】

～る前に　　　～てから　　　～た後で　　　～たとたん　　　～て以来

【使い方】

使える場面　　後に続く文が、人物の意志を表す場合
・集合時間が決まり次第、すぐに連絡します。　○

使えない場面　①過去の出来事の場合
・集合時間が決まり次第、すぐに連絡しました。　×
②後に続くのが自然現象の場合
・集合時間が決まり次第、夜になりました。　×

上手なアドバイスの仕方

◆時間の表現をうまく使って、何かをするときの順番を正確に示す。

最初にすること	答え方や解答欄をしっかりと確認する
時間の表現	▼
次にすること	落ち着いて問題文を読む・問題を解く
時間の表現	▼
一番重要なこと	必ず解答を見直してから提出する

▼

例：試験を受けるときは、まず答え方や解答欄をしっかり確認した後で、落ち着いて問題文を読むことが大事です。そして、全部の問題が終わり次第、問題番号や解答欄が間違っていないか、必ず見直してから提出してください。

▶ 練習3

クラスの友達と練習しましょう。

練習1 「～前に」、「～てから」、「～後で」を使って、順番を変えずに、文を一つにしましょう。

(例) 電話をする → 遊びに行く
→ （ 電話をしてから遊びに行く。 ）
(1) 手紙を出す → 切手をはる → ポストに入れる
(2) 朝起きる → 化粧をする → 顔を洗う
(3) 産業革命についての資料を集める → レポートを書く
　→ よく調べる

練習2 順番を見て、何をするか考えましょう。

(例) パソコンやデジカメは、__買う__前に、しっかり説明を聞いたほうがいいです。
(1) 進路を決めるときは、じっくり_____てからがいいですよ。
(2) 患者が病院に_____次第、すぐに医師は検査を始めます。

練習3 次の文を読んで、何をしたらいいかアドバイスしましょう。

　夜遅く家に帰ったら、ドアのカギが開いていました。朝カギをかけ忘れたのかと思って、そのまま家に入りました。すると、部屋の中が足あとだらけでした。部屋の窓も割れていました。あわててしまい、どうすればいいのか分かりません。

前後　中断（する）　（雨が）やむ　再開（する）　自然現象
解答欄　解答（する）　（産業）革命　じっくり　医師　検査
足あと

応用練習 –話す–

I
山田：斉藤さん、車で事故に遭ったんだって。
斉藤：うん。信号待ちをしているとき、追突されたんだよ。
山田：それは大変だったね。(a) 毎日配達で使っているから、車がないと困るんじゃない。
斉藤：ああ。(b) 代わりの車が来ないことには、仕事にならないよ。
山田：そうだろうね。
斉藤：しかも (c) 修理に出してからでないと、保険も下りないから大変なんだ。
山田：えっ、先に出してもらえないの？
斉藤：うん。どの程度ひどいかで、保険の下りる額が変わってくるんだ。
山田：かかった費用によって、保険の支払い額が決まるんだね。
斉藤：そうなんだよ。費用が全額出るにしても出ないにしても、(d) 直さなければ乗れないから、仕方がないんだけどね。

課題　＿＿＿のところを入れ替えて練習しましょう。

(1) (a) 試合が近いから、動けない ― (b) けがが治らない・何もできない ― (c) 治療が終わって ― (d) 治らなければ動けない
(2) (a) 人に借りた車だから、故障している ― (b) 早く修理しない・返せない ― (c) 持ち主が手続きして ― (d) 修理費用は自分が出さなければならない

II
今井：今日のA社との会議、1時からだったよね。
渡辺：それが、部長が出張先からまだ戻っていないんです。
今井：えっ、そうなの？
渡辺：もう着いてもいい頃なんですが…。
今井：部長が来ないことには、会議が始められないじゃない。
渡辺：そうなんです。課長が「部長に承認をもらってからでないと、先方に契約書を渡せない」って言っています。
今井：あのプロジェクトは1年がかりで取り組んできて、やっとA社からいい返事がもらえそうなんだよ。

渡辺：じゃあ、プロジェクトが成功するかどうかは、今日の会議次第なんですね。
今井：そうなんだよ。参ったな…。
渡辺：部長が間に合うにしても、間に合わないにしても、先方は1時にいらっしゃいますけど…。

課題 渡辺さんの立場になって、出来事を発表しましょう。

A社との会議は1時からということですが、＿＿＿＿＿＿＿＿＿＿＿＿＿＿＿＿＿＿。部長が来ないことには＿＿＿＿＿＿＿＿＿＿＿＿＿＿＿そうです。というのは、＿＿＿＿＿＿＿＿＿からでないと＿＿＿＿＿＿＿＿＿からだそうです。＿＿＿＿＿＿＿＿＿次第で＿＿＿＿＿＿＿＿＿。しかし、＿＿＿＿＿＿＿にしろ＿＿＿＿＿＿にしろ、＿＿＿＿＿＿＿＿＿＿＿＿＿＿＿＿。

応用練習 −書く−

人によって、生まれたときから才能に恵まれている人もいれば、そうでない人もいます。生まれつきの才能次第で、人生が決まると思いますか。それとも自分の努力次第で変わると思いますか。あなたの意見を書きましょう。

例：私は、人は生まれつきの才能次第で人生が決まると思います。なぜなら…

＿＿＿＿＿＿＿＿＿＿＿＿＿＿＿＿＿＿＿＿＿＿＿＿＿＿＿＿＿＿＿＿＿＿
＿＿＿＿＿＿＿＿＿＿＿＿＿＿＿＿＿＿＿＿＿＿＿＿＿＿＿＿＿＿＿＿＿＿
＿＿＿＿＿＿＿＿＿＿＿＿＿＿＿＿＿＿＿＿＿＿＿＿＿＿＿＿＿＿＿＿＿＿
＿＿＿＿＿＿＿＿＿＿＿＿＿＿＿＿＿＿＿＿＿＿＿＿＿＿＿＿＿＿＿＿＿＿

信号待ち　追突（する）　保険　（保険が）下りる　額　治療（する）
持ち主　承認（する）　先方　プロジェクト　〜年がかり
取り組む　参る　生まれつき

第10課 好几个月都会在慌乱中度过。

何か月にもわたってあわただしく過ごすことになってしまうのです。

目標 場面や時点を表す表現を理解できるようにしましょう。

　日本の大学生は、早くて3年生から、そして、ほとんどの学生が4年生になると本格的に就職活動というものを始めます。
　就職活動とは、卒業後、4月から社会人として働けるように自分の仕事を探すことを言います。具体的には、就職試験に先立って行われる就職相談会や就職説明会に参加して、企業の採用担当者の話を聞いたり、エントリーシートを書いたり、実際に選んだ企業の就職試験を受けたりすることです。
　就職活動に際しては、部やサークルの先輩からいろいろなアドバイスをもらったり、大学の就職課に届く企業の資料を見たりして、作戦を立てなければなりません。
　例えば、4年生になると、卒業論文を書かなくてはなりません。それを書き、さらに授業も受けていては、就職活動をしている暇などありません。そのため、3年生までにきちんと授業に出席して、卒業できるように単位を取っておくことが大切です。
　また、就職試験の日程を調べて、第一希望の企業はなるべく最後の方に受けるようにすることも重要です。就職試験には、筆記試験の他に適性検査と面接がありますが、実は、適性検査や筆記試験の結果は、面接をするにあたっての一つの資料になるという程度で、結果がいいにしろ悪いにしろ、すぐに合格、不合格は出ません。つまり、一番大事なの

は面接なのです。
　だれでも面接を受けるのは緊張してしまいます。一番重要な面接で、上がってしまって上手に話せなかったりするといけないので、いくつかの企業の面接を経験してから一番行きたい企業の面接を受ければいい、ということです。
　こうして、しっかりと作戦を立てて就職活動をすれば、早いうちに就職が決まって、安心して残りの学生生活を楽しむことができます。しかし、アドバイスも聞かず、ろくな作戦も立てないで始めてしまうと、なかなか就職先が決まらないまま、就職活動やら卒論やらで、何か月にもわたってあわただしく過ごすことになってしまうのです。

質問

① 就職活動とは何ですか。

_____

② どうして第一希望の企業は、最後の方に受けるといいのですか。

_____

まとめ：本文の内容と合っているものを一つ選びなさい。
① きちんと作戦を立てて就職活動をしないと、何か月も暇になってしまう。
② きちんと作戦を立てて就職試験を受けないと、筆記試験が受けられなくなってしまう。
③ きちんと作戦を立てて面接を受けないと、緊張して失敗してしまう。

新出語彙

あわただしい	場面	時点	本格的な	採用（する）
エントリーシート		就職課	作戦	（作戦を）立てる	単位
第一希望	適性検査	上がる	ろくな	卒論

重要な文型と表現

1 〜に先立って

例 Vる / Nに 先立って （何かをする前に）

就職試験に先立って行われる就職相談会や就職説明会に参加します。
新作映画の公開に先立って、銀座で試写会が行われた。

練習 ＿＿＿に言葉を入れて文を完成させましょう。

(1) 海外旅行に先立って、＿＿＿＿＿＿＿＿＿＿＿＿＿＿＿。
(2) 大学入学に先立って、＿＿＿＿＿＿＿＿＿＿＿＿＿＿＿。
(3) ＿＿＿＿＿＿＿＿＿＿に先立って、準備を進めておく。
(4) ＿＿＿＿＿＿＿＿＿＿に先立って、＿＿＿＿＿＿＿＿＿＿。

2 〜に際して

例1 Vる に際して （何かの機会に、何かをするときに）

初めて女性が首相になるに際して、いろいろな所からさまざまな意見が出ました。

例2 N に際して

就職活動に際しては、しっかりした作戦を立てなければなりません。
緊急の場合に際しては、係員の指示にしたがって行動してください。

練習 ＿＿＿に言葉を入れて文を完成させましょう。

(1) ＿＿＿＿＿＿＿＿＿＿に際して、たくさんのお祝いをいただきました。
(2) 運動会を行うに際して、＿＿＿＿＿＿＿＿＿＿。
(3) 父の昇進に際して、＿＿＿＿＿＿＿＿＿＿。
(4) ＿＿＿＿＿＿＿＿＿＿に際して、＿＿＿＿＿＿＿＿＿＿。

3　～に　あたって／あたり

例1　Vる　に　あたって／あたり　（何かをする大事なときに）

適性検査（てきせいけんさ）の結果（けっか）は、面接（めんせつ）をするにあたっての一つの資料（しりょう）になります。
妻（つま）は出産（しゅっさん）するにあたり、実家（じっか）近くの病院に移った。

例2　Nに　あたって／あたり　（Nをするときに）

ワールドカップ出場（しゅつじょう）にあたって、相手（あいて）チームを分析（ぶんせき）しました。
開会（かいかい）にあたり、社長からごあいさつ申（もう）し上（あ）げます。

練習　＿＿＿に言葉を入れて文を完成（かんせい）させましょう。

(1) 転勤（てんきん）するにあたって、＿＿＿＿＿＿＿＿＿＿＿＿＿＿＿＿。
(2) 新生活を始めるにあたって、＿＿＿＿＿＿＿＿＿＿＿＿＿。
(3) ＿＿＿＿＿＿＿＿＿＿＿にあたり、いろいろと調べました。

4　～に　わたって

例　Nに　わたって／わたり　（期間（きかん）、回数（かいすう）、場所（ばしょ）の中で）

この事件（じけん）は、約（やく）10年にわたって調査（ちょうさ）された。
彼（かれ）は、NASAの技術（ぎじゅつ）を学（まな）ぶために、5回にわたってアメリカを訪問（ほうもん）した。
就職活動（しゅうしょくかつどう）やら卒論（そつろん）やらで、何か月にもわたってあわただしく過（す）ごすことになってしまうのです。

練習　＿＿＿に言葉を入れて文を完成（かんせい）させましょう。

(1) 彼（かれ）は＿＿＿＿＿＿＿＿にわたって、海外（かいがい）で生活していました。
(2) 今回（こんかい）の地震（じしん）は、＿＿＿＿＿＿＿＿にわたって起（お）こった。
(3) ＿＿＿＿＿＿＿＿＿＿＿は、数週間にわたって行（おこな）われました。

新作（しんさく）　試写会（ししゃかい）　首相（しゅしょう）　係員（かかりいん）　昇進（しょうしん）（する）　出産（しゅっさん）（する）
分析（ぶんせき）（する）　開会（かいかい）（する）　NASA

復習と関連表現

復習　注意や連絡のときによく使う文型

〜ことになっている

V ＋ ことになっている

例文　① お城の見学はバスで行くことになっています。
　　　② 途中入場はできないことになっているのでご注意ください。

【合わせて使う表現】

〜において　　〜におきまして　　〜をもとに　　〜を中心に
　　　　　　　　　　　　＋　_____　ことになっている。

上手な注意や連絡の聞き取り方

◆よく使われる表現を覚えて、大事な部分がどこか理解する。

よく使われる表現の種類
①ていねいな表現
②場所を表す表現
③時間を表す表現
④決まりを表す表現

例：①ご〜　／　お〜
　　　いたします　／　〜ております　など

②〜において（おきまして）
　〜について（つきまして）

③〜から　／　〜より　　など

④〜になっています（おります）
　〜とさせていただきます（ております）

▼

例：長い間ご利用いただきまして誠にありがとうございました。突然ではございますが、我が社は、<u>12月15日をもちまして</u>、<u>恵比寿駅構内におきましての営業を、終了とさせていただきます</u>ので、ご了承ください。

 練習3

【そのほかのよく使う表現】

お知らせ　　なお　　引き続き　　あらかじめ　　ご了承ください

クラスの友達と練習しましょう。

練習1 ルールや決まりを伝えましょう。

(例)教室では、たばこが吸えません。
→ (教室では、たばこが吸えないことになっています。)
(1) 筆記試験の合格者だけが面接を受けられます。
(2) 場内に入場できるのは、受付を済ませた方からです。

練習2 連絡しましょう。

(例)試験の内容・来週発表します。
→ (試験の内容は来週発表されることになっています。)
(1) 館内・携帯電話での通話はできません。
(2) 今回の国会・来年度の予算を決めます。

練習3 大事な部分はどこかを考えて、下線を引きましょう。

　5月29日午前10時より、みどり山公園において、日本に留学している外国人学生と日本人との交流イベントを行いますので、参加者を募集します。
　当日はこの町に住んでいる外国人が自分の国の紹介をしたり、参加者が料理を持ちよって、みんなで食事をしたりする予定です。参加希望の方は4月25日までにお申し込みください。
　また、初級レベルの学生が中心になるため、英語・中国語・韓国語ができるボランティアも一緒に募集します。ボランティア希望の方は、前の週にみどり山公園前の市民ホール2階において、ミーティングを開くことになっていますので、20日までに申し込みをしてください。

聞き取る	部分	我が～	(時間を)もって	構内	なお
引き続き	あらかじめ	通話(する)	今回	年度	交流(する)
持ちよる					

第10課

応用練習 –話す–

I
岡田：松井さんは来年、(a) フランスに留学するらしいですね。
山本：ええ、向こうで (b) デザインの勉強をするそうです。
岡田：じゃあ、先月あちらに行ったのもそのためですか。
山本：ええ。(c) 留学の前に (d) 現地の美術学校を見学してきたそうです。
岡田：へえ、いろいろと手続きが面倒でしょうね。
山本：ええ。それから (e) 留学するために、フランス語教室に通い始めたそうですよ。
岡田：へえ、そうですか。すごいですね。
山本：松井さんは3年にわたって準備を進めてきたそうです。
岡田：(c) 留学を成功させるには、事前の準備が大切なんですね。
山本：はい、(c) 留学にはかなりの費用がかかりますから慎重になりますよね。

課題 ＿＿＿のところを入れ替えて練習しましょう。

(1) (a) 沖縄に移住する ― (b) ペンションを開く ― (c) 移住 ― (d) 土地を借りる契約をしてきた ― (e) 移住する・船の免許を取った
(2) (a) アメリカで会社を設立する ― (b) 貿易会社を始める ― (c) 会社設立 ― (d) 従業員の面接をしてきた ― (e) 会社を設立する・MBAを取った

II
岡田：ヤンさんが来月帰国するのを知っていますか。
山本：ええ、親の会社を継ぐためだそうですね。
岡田：そうなんですか！ じゃあ、帰国してすぐ社長になるんですか。
山本：いいえ。社長になるのは何年か経験を積んでからだそうですが、入社する前に経営を学ばなければならないと聞きました。
岡田：へえ、そうなんですか。
山本：ええ。帰国を祝って、学校でお別れパーティが開かれたそうです。
岡田：えっ、そうだったんですか。
山本：ええ、パーティは5時間も続いたそうですよ。
岡田：じゃあ、私達もアルバイトの仲間で送別会をやりましょう。
山本：そうですね。じゃあヤンさんの都合を聞いてみましょう。

課題 岡田さんの立場になって、出来事を発表しましょう。

ヤンさんは＿＿＿＿＿＿＿＿＿にあたって＿＿＿＿＿＿らしいです。入社に先立って＿＿＿＿＿＿＿＿＿なければならないということです。ヤンさんの学校では、＿＿＿＿＿＿＿＿＿＿＿そうです。私達もアルバイトの仲間で、＿＿＿＿＿＿＿＿＿＿＿と思っています。

応用練習−書く−

「〜する際に、気をつけなければならないこと」や「〜に先立って、準備しておかなければならないこと」は何ですか。なぜそれが必要なのか、また、それをしないとどうなるのかも一緒に書きましょう。

　　　進学先を決める・転職する　など

例：私は、進学先を決める際にはいろいろと調べたり、先輩に相談したりしてから決めたほうがいいと思います。…

＿＿＿＿＿＿＿＿＿＿＿＿＿＿＿＿＿＿＿＿＿＿＿＿＿＿＿
＿＿＿＿＿＿＿＿＿＿＿＿＿＿＿＿＿＿＿＿＿＿＿＿＿＿＿
＿＿＿＿＿＿＿＿＿＿＿＿＿＿＿＿＿＿＿＿＿＿＿＿＿＿＿
＿＿＿＿＿＿＿＿＿＿＿＿＿＿＿＿＿＿＿＿＿＿＿＿＿＿＿

デザイン　事前　移住（する）　ペンション　免許　設立（する）
従業員　MBA　（経験を）積む　祝う　お別れ　仲間
転職（する）

第11課 经常出现这样的情况：考试没考上，居然还满不在乎。

不合格だったにしては、意外とあっさりしていることもよくある。

目標 物事をどの立場から考えているか理解できるようにしましょう。

　私は、「お受験」という言葉に対して、あまりいいイメージを持っていない。
　「受験」というのは、試験を受けることで、自分の希望する学校に入るためや、取りたい資格を取るためにするものだ。
　一方、「お受験」というと、特に私立の幼稚園や小学校に入るための試験を受けることを意味する。ほとんどの場合、子供がこれから通う学校を親の希望で決めて、親が子供に試験を受けさせている。
　簡単に言えば、「受験」は本人の意志で行うもので、「お受験」はその99％が親の意志で行うものだ。
　「お受験」には面接や実技の試験があって、まだ3、4歳の子がその練習をするために通う塾まである。そこでは、「こう質問されたらこう答える」、「これをするときはこうする」と、面接のときによく聞かれる質問や、実技の課題に対する答え方を教えられる。そして、先生の言う通りにできた子供が「えらい！」とほめられる。
　親は、たくさんお金を払って、子供を塾に入れたり、親子面接で着る自分の服を買ったりして、自分の予定をすべて子供に合わせて生活することになる。そのため、親からすれば「お受験」が生活の中で最も重要なことになる。しかし、子供にしたら、やりたいことをがまんして、しょうがなくしていることなので、親が思っているほど自分にとって大事なことだとは思っていない。そのため、不合格だった子供の親が

とても落ち込んでいるわりに、本人は、不合格だったにしては意外とあっさりしていることもよくある。

それなのに、落ちた子供をしかったり、必要以上に落ち込んだ姿を見せて、子供に余計なストレスを与えたりする親が少なくない。

自分が「お受験」をした以上は、受かったにしろ、落ちたにしろ、子供にはよくがんばったとほめてあげて、最後まできちんと責任を取る親が増えてこなければ、私の「お受験」に対する悪いイメージはいつまで経っても消えないだろう。

質問

① 「受験」と「お受験」の違いは何だと言っていますか。

② 子供達は「お受験」に対してどう思っていますか。

③ 「私」の「お受験」に対するイメージは、どうなれば良くなりますか。

まとめ：本文の内容と合っているものを一つ選びなさい。
① 「お受験」に失敗して、子供が責任をとるのは当たり前だ。
② 「お受験」に失敗しても、子供をしかる親は少ない。
③ 「お受験」は「受験」と違って、本人のやる気はあまり高くない。

新出語彙

意外と　あっさり　資格　私立　幼稚園　実技
しょうがない　落ち込む　（試験に）落ちる
（ストレスを）与える　（責任を）取る

第11課

重要な文型と表現

1 ～からすると／からすれば

例 N からすると／からすれば （ある立場から見て）

学生の立場からすると、1か月に10万円の家賃は高い。
親からすれば「お受験」が生活の中で最も重要なことになる。

練習 ＿＿＿に言葉を入れて文を完成させましょう。

(1) 子どもからすると、＿＿＿＿＿＿＿＿＿＿＿＿はいやなものだ。
(2) 外国人からすると、日本は＿＿＿＿＿＿＿＿＿＿＿＿＿。
(3) ＿＿＿＿＿＿からすれば、＿＿＿＿＿＿＿＿＿＿＿＿＿＿。

2 ～にしたら

例 N にしたら （その人の立場に立ったら）

子供にしたら、親が思っているほど自分にとって大事なことだとは思っていない。
先輩は軽く注意したつもりだったが、後輩にしたら、とても辛かったようだ。

練習 ＿＿＿に言葉を入れて文を完成させましょう。

(1) 先生は、学生のためにたくさん宿題を準備したが、＿＿＿＿＿にしたら、＿＿＿＿＿＿＿＿＿。
(2) 娘は一人暮らしを望んでいるが、両親にしたら、＿＿＿＿＿＿ほうが安心だろう。
(3) ＿＿＿＿＿は＿＿＿＿＿＿＿＿が、＿＿＿＿＿にしたら、＿＿＿＿＿＿＿＿。

3 ～わりに

例1 V／Aい／Aな わりに （普通に考えられることと、違う場合）

彼女は、飲み会に行くのは面倒だと言っていたわりに、結構楽しんでいるね。
あの俳優は有名なわりに、街中を歩いてもだれにも気付かれない。

例2 Nの わりに

今日は、休みのわりに道が空いている。

練習 「わりに」を使って文を書き換えましょう。

(1) 年末だ。あまり忙しくない。 → ＿＿＿＿＿＿＿＿＿＿＿＿＿＿＿＿＿＿。
(2) 彼女は暇だ。誘っても来ない。 → ＿＿＿＿＿＿＿＿＿＿＿＿＿＿＿＿＿＿。
(3) このパソコンは＿＿＿＿＿＿＿わりに＿＿＿＿＿＿＿＿＿＿＿＿＿＿。
(4) ＿＿＿＿＿＿＿＿＿＿＿＿＿＿わりに＿＿＿＿＿＿＿＿＿＿＿＿＿＿＿。

4 ～に しては

例1 V にしては （ある事実から見ると、当然だとは考えられない）

本人は、不合格だったにしては意外とあっさりしている。
たいして練習しなかったにしては、なかなか良くできたと思う。

例2 N にしては

あの子は、小学生にしてはずいぶん体が大きい。
今日は、週末にしては人が少ないね。

練習 ＿＿＿に言葉を入れて文を完成させましょう。

(1) 今月は、春にしては＿＿＿＿＿＿＿＿＿＿＿＿＿＿。
(2) 彼は、二十歳にしては＿＿＿＿＿＿＿＿＿＿＿＿＿＿。
(3) A：今日は、あまり食欲がないんだ。
　　 B：それにしては＿＿＿＿＿＿＿＿＿＿＿＿＿＿。
(4) ＿＿＿＿＿＿＿＿＿＿＿＿＿にしては＿＿＿＿＿＿＿＿＿＿＿＿＿＿。

望む　結構　街中　年末　たいして～ない

復習と関連表現

復習　立場を表すときに使う文型

〜にとって
N ＋ にとって

例文　① 私にとって、この歌は特別なものなんです。
　　　② 彼女が辞めてしまうのは会社にとって、重大な問題です。

【そのほかの表現】

〜には　　〜ように／ようなN（目標）　　〜ならば

【使い方】

使える場面　　後に続く文が、評価の場合

・私にとって、それはとてもありがたいです。　○

使えない場面　後に続く文が、態度や行為の場合

・私にとって、それはとても感謝します。　　　×

上手な読解の仕方

◆日本語の文章の、基本的な形を作る表現を覚える。

基本的な形

立場
〜には　〜にとって

理由・原因
〜ので　〜から　〜ため
〜のに　〜だが　〜けれども

結果　　予測　　評価・判断
〜した　〜なった　〜てしまった
〜だろう　〜はずだ　…など

例：　日本という島国に住んでいる私達にとって、

地震は、少なくても一か月に一度、多いときには一週間に一度ぐらいの割合で起こる、当たり前の出来事なので、

建物を作るときに、まず、「大きな地震に耐えることができるかどうか」ということを考えるのが、常識になっています。

クラスの友達と練習しましょう。

練習1 「にとって」、「ならば」、「には」を使ってどの立場か考えましょう。

(例) ＿＿かえるにとって＿＿、へびは天敵です。
(1) ＿＿＿＿＿＿＿＿＿＿、満員電車は当たり前の出来事です。
(2) ＿＿＿＿＿＿＿＿＿＿、子供は宝物です。
(3) ＿＿＿＿＿＿＿＿＿＿、けがはよくあることです。
(4) ＿＿＿＿＿＿＿＿＿＿、勉強を一番に考えなければなりませんよ。

練習2 どんな人や物か考えましょう。

(例) ＿だれに対してもやさしく接することができるような＿人になりたい。
(1) ＿＿＿＿＿＿＿＿＿＿＿人は、好きになれない。
(2) ＿＿＿＿＿＿＿＿＿＿＿家に住みたい。
(3) ＿＿＿＿＿＿＿＿＿＿＿店でアルバイトしたい。

練習3 次の文は、結果や理由が正しく表現されているか考えましょう。

(例) せっかくケーキを焼いたので、彼は食べてくれませんでした。
  → (× 「〜ので」の使い方が違う。この文では「〜のに」を使う。)
(1) 新しい車を買ったので、宝くじが当たりました。
(2) 山田先生は事務室にいないので、もう帰ったのでしょう。
(3) 私にとって、絶対に手術を成功させてほしいので、息子は命よりも大切なものです。
(4) 一生懸命勉強したのに、三つも大学に合格してしまった。
(5) 見たい番組が見られなかったため、テレビが壊れてしまいました。

ありがたい　読解　文章　島国　耐える　常識　天敵
当たり前　宝物　接する

応用練習 −話す−

Ⅰ
山田先生：アランさん、引越すんですか。
アラン　：はい。今のアパートは (a) 学校まで1時間以上かかるので、(b) もう少し近くに引越そうと思って。
山田先生：そうですか。いい部屋は見つかりましたか。
アラン　：ええ、今日これから一か所、見に行く予定なんです。
山田先生：どんなところですか。
アラン　：(c) 駅から近いわりには家賃が安いんです。それに (d) 駅の近くにしては、(e) 環境が良くて夜も静かだそうです。
山田先生：へえ。学生からすると、家賃が安いのはありがたいですね。
アラン　：ええ、でもなぜ安いんでしょうか。行ってみたらすごく狭かったりして。
山田先生：大家さんにしたら、部屋を空けておくよりは、少し値下げしても借りてもらった方がいいということもありますよ。
アラン　：なるほど。そういうこともあるんですね。

課題　＿＿＿のところを入れ替えて練習しましょう。

（1）(a) 古くてあまりきれいではない ―(b) 新しくてきれいなところ ―(c) 新しい ― (d) 最近のワンルーム ― (e) 風呂とトイレが別々だから、のんびり入れる
（2）(a) 日当たりが悪くて暗い ― (b) 日当たりがいい部屋 ― (c) 日当たりがいい ― (d) 南向き ― (e) 夏も涼しくてクーラーがいらない

Ⅱ
マリア：杉山さんはダイエットしていますか。
杉　山：いいえ、私は特に気にしていませんが。
マリア：日本の女性は、ダイエットしている人が多いですね。
杉　山：ええ。そんなに太っていないわりには、みんなやせたがっていますよ。
マリア：確かにそうですね。
杉　山：男性からすると、女性が一生懸命やせようとするのは理解できないようですね。
マリア：女性にしたら、やせているかどうかは重要ですけどね。

杉山：最近では、男性も外見を気にしてダイエットしている人が増えているそうですよ。
マリア：へえ、私の国では考えられないですね。

課題 マリアさんの立場になって、出来事を発表しましょう。

日本の女性は_____わりには_____が多い。_____にしたら_____重要だが、_____からすると_____ようだ。しかし、最近では_____が増えているそうだ。私の国では考えられない話である。

応用練習 −書く−

「私の弟は、体が大きいわりには気が小さい」、「私の娘は、子供のわりにとても落ち着いている」など、自分の友人や知人で性格や特徴にギャップのある人はいませんか。「〜なわりに…」を使ってどんな人なのか、紹介しましょう。

例：私の母は48歳だが、年のわりにスタイルもいいし、服装も派手なので若く見られる。先日も街を歩いているとき…

_____
_____
_____
_____
_____

〜か所　空ける　ワンルーム　別々な　日当たり　南向き
確かに　外見　気が小さい　特徴　ギャップ　服装　派手な
先日

第12課

即便是东京也不是种不了蔬菜。

東京でも野菜を作れないことはないんですよ。

目標 物事を部分的に否定できるようにしましょう。

　タイは、米を中心に、世界で最も農業の盛んな国の一つである。タイの人口は日本の半分なのに、農業人口は日本の7倍もいる。また、国土は日本の2倍程度だが、畑や田んぼは日本の4倍もある。今そのタイでは、世界中にタイ料理の店を作って、食料品の輸出をどんどん増やそうという「キッチン・オブ・ザ・ワールド計画」が進められているそうだ。

　そんなタイから留学してきた友人が、「東京には畑がないから、野菜が作れないでしょう。畑がないというよりも、畑を作る土地がないと言ったほうがいいですね。」と言った。そこで、私が「いや、タイほどではないけれど、東京でも野菜を作れないことはないんですよ。」と答えると、彼は「本当ですか？　信じられません。」と驚いていた。

　東京の面積は、日本で三番目に小さい。この小さな都市には、1200万を超える人が住んでいて、ビルやマンションなどの大きな建物がたくさんある。そして、毎日何百万人という人が利用する大きな駅がいくつもあって、その駅からは、線路がどこまでも伸びている。これでは、畑どころではない。外国人でなくても、そう思っている人は大勢いるはずだ。

　しかし、東京に畑が全くないわけではない。新宿駅からほんの少し西へ離れると、世界中の人が持っている「TOKYO」というイメージとは違って、どこにでもあるような、ごく普通の町がある。そこには当たり前のように畑があって、野菜も作っているのだ。「こまつな」という野菜があるが、この野

菜を日本で一番作っているのは、驚くことに、実は東京都なのだそうだ。
　イメージの中の「TOKYO」と違い、日本人もあまり知らない本当の「東京」には、ちゃんと畑があって、野菜が作られているのである。

質問

① タイ人の友人は、どうして東京では野菜が作れないと思っていましたか。

② 外国人や、多くの日本人は「東京」についてどう思っていますか。

③ 新宿駅から少し西に離れると、何がありますか。

まとめ：本文の内容と合っているものを一つ選びなさい。
① 本当の「東京」とは、建物がたくさんあって畑を作る土地がない、新宿の周りの一部分のことだ。
②「本当の東京」とは、みんなの持っているイメージの「TOKYO」のほかにも、畑や普通の町もあるところだ。
③「本当の東京」とは、世界中の人が持っているイメージの「TOKYO」のことだ。

新出語彙

農業　盛んな　田んぼ　超える　線路　どこまでも　伸びる
ほんの　離れる　ごく　こまつな

重要な文型と表現

1 ～ というよりも

例 V／A／N　というよりも　（Aの見方もあるが、比べるとBの方があっている）

> 畑がないというよりも、畑を作る土地がないと言ったほうがいいですね。
> 彼女はきれいというよりも、かわいいタイプだ。
> 田中さんは、お酒が好きというよりも、お酒を飲みながら話すことが好きだ。

練習　＿＿＿に言葉を入れて文を完成させましょう。

(1) この辺は人が多くて、＿＿＿＿＿＿＿というよりも、＿＿＿＿＿＿＿です。
(2) あの人は、＿＿＿＿＿＿＿というよりも、＿＿＿＿＿＿＿です。
(3) 今日は、＿＿＿＿＿＿＿よりも、気分が乗らない。
(4) ＿＿＿＿＿＿＿は、＿＿＿＿＿＿＿というよりも、＿＿＿＿＿＿＿。

2 ～ ないことはない

例 Vない　ことはない　（一部分は正しいが、100％ではない）

> タイほどではないけれど、東京でも野菜を作れないことはないんですよ。
> がんばればできないことはないが、すごく時間がかかるだろう。

練習　＿＿＿に言葉を入れて文を完成させましょう。

(1) ＿＿＿＿＿＿＿は苦手だが、＿＿＿＿＿＿＿ことはない。
(2) タクシーを拾えば、＿＿＿＿＿＿ないことはないと思うよ。
(3) 一回で、＿＿＿＿＿＿ないことはないけど、できれば分割で払いたい。
(4) ＿＿＿＿＿＿＿、＿＿＿＿＿＿＿ないことはない。

3 ～ わけではない

例 V／A／N（という）　わけではない
　　　（聞く人が想像すること、考えることが本当は違うというとき）

東京に畑が全くないわけではない。
あの店はいつも行列ができているが、特においしいわけではない。
彼はいつも品川駅で降りるが、品川が最寄り駅というわけではない。

練習 ＿＿＿に言葉を入れて文を完成させましょう。

(1) 最近、買い物に行く回数が減ったが、＿＿＿＿＿＿＿わけではない。
(2) ＿＿＿＿＿＿＿わけではありませんが、結婚はできません。
(3) 姉はアメリカに住んでいたが、＿＿＿＿＿＿＿わけではありません。
(4) ＿＿＿＿＿＿＿が、＿＿＿＿＿＿＿わけではない。

4 〜どころではない

例1 Vる／ている どころではない（そのようなことができる状況ではない）

仕事が忙しくて、飲みに行っているどころではない。
母が入院して、友達と遊んでいるどころではない。

例2 N どころではない

大きなビルやマンションが建っていて、畑どころではない。

練習 ＿＿＿に言葉を入れて文を完成させましょう。

(1) 車の騒音がひどくて、＿＿＿＿＿＿＿どころではない。
(2) 毎日アルバイトばかりで、＿＿＿＿＿＿＿どころではありません。
(3) 今日は大雨で、＿＿＿＿＿＿＿どころではない。
(4) ＿＿＿＿＿＿＿て（で）、＿＿＿＿＿＿＿どころではありません。

見方　辺　(気分が)乗る　(タクシーを)拾う　分割(する)
最寄り(駅)

復習と関連表現

復習 それ以外にも方法があるということを表すときに使う文型

～ことはない
Vる ＋ ことはない

例文　① 嫌いだったら、無理をして食べることはありません。
　　　② 渋滞しているからといって、そんなにイライラすることはないよ。まだ時間もあるし、きっと間に合うよ。

【そのほかの表現】

　～てもいい　　　～必要はない

【使い方】

　同じ意味の文　・一度負けただけで、落ち込むことはない。
　　　　　言い換え：一度負けただけで、落ち込まなくてもいい。
　　　　　言い換え：一度負けただけで、落ち込む必要はない。

上手な問題解決の仕方

◆物事を部分的に分けて解決していく。

例　**Aさんの問題**
　　「テストの点数が悪い」

　　部分的な問題
　　・読解のテストはよかった。
　　・聴解のテストは20点しかとれなかった。
　　・知らない言葉が、たくさん出ていた。

　　Aさんが出した結論
　　「大学をあきらめる」

　　対策
　　・聴解テストの練習をたくさんする。
　　・単語をもっと覚える。

　　問題解決方法とアドバイス
　　　これから、聴解対策をたくさんして、その他にもっと単語を覚えれば、きっと点数は上がります。だから、今から大学をあきらめることはないと思います。

クラスの友達と練習しましょう。

練習1 「～ことはない」に言い換えましょう。

(例) ＦＡＸで済みますから、行く必要はありません。
→（ＦＡＸで済みますから、行くことはありません。）
(1) 友達が来るだけなんだから、別に着替えなくてもいいよ。
(2) 提出期限は来週なので、そんなに急ぐ必要はありません。
(3) 住民票は駅でも受け取ることができるから、わざわざ市役所に行かなくてもいいですよ。

練習2 他の言い方で言い換えましょう。

(例) きっと少し休めば元気になるから、薬を飲む必要はないよ。
→（きっと少し休めば元気になるから、薬を飲まなくてもいいよ。）
(1) 壁紙は、よくふけばきれいになるから、張りかえることはありません。
(2) 自分が思っているほど太っていないんだから、ダイエットする必要はないと思うけど。
(3) 電話で話してあるから、マリアさんには招待状は送らなくていいです。

練習3 問題を部分的に分けて解決方法を考えましょう。

(問) 練習しても練習してもレギュラーになれないので、もうバスケットはやめようかと思っています。
部分的な問題：ドリブルは得意。パスは得意。スピードはある。
　　　　　　　シュートが苦手。パワーが無い。
問題解決方法：＿＿＿＿＿＿＿＿＿＿＿＿＿＿＿＿＿＿＿＿＿＿＿＿
　　　　　　　＿＿＿＿＿＿＿＿＿＿＿＿＿＿＿＿＿＿＿＿＿＿＿＿
　　　　　　　＿＿＿＿＿＿＿＿＿＿＿＿＿＿＿＿＿＿＿＿＿＿＿＿

対策　別に　提出（する）　住民票　壁紙　張りかえる
～状　レギュラー　ドリブル　パス　シュート　パワー

第12課

応用練習 –話す–

Ⅰ
先生：レポートは出しましたか。
学生：実は、まだ出来ていないんです。
先生：えっ、レポートの提出期限はとっくに過ぎていますよ。
学生：はい、忘れていたわけではないんですが、時間が足りなくて。
先生：1か月もあったんだから、時間が足りないことはないでしょう。
学生：それが、途中まで書きかけていたんですが、二週間ほど前に
　　　(a) 手をやけどしたものですから。
先生：あ、それで、(b) 痛くてレポートを書くどころではなかったんですね。
学生：いえ、(b) 痛くて書けなかったというよりも、(c) 包帯のせいで手
　　　がうまく使えなくて。
先生：そうだったんですか。じゃあ、書けるようになったら至急書いて
　　　提出してください。
学生：はい、申し訳ありませんでした。

課題　＿＿＿＿のところを入れ替えて練習しましょう。

(1) (a) 事故に遭った　—　(b) けがをして　—　(c) 事故の処理で忙しくて
(2) (a) 泥棒に入られた　—　(b) 警察に呼ばれて　—　(c) パソコンを盗まれてしまって、前に書いたデータが残っていなくて

Ⅱ
鈴木：昨日、この辺りで交通事故があったそうだね。
今井：ああ、かなりひどかったみたいですね。
鈴木：今井君は万一の時のために、生命保険に入ってる？
今井：いや、特に入っていないですけど。鈴木さんは？
鈴木：もちろん入ってるよ。けがや病気が心配じゃないの？
今井：心配してないわけじゃないんですが、忙しくて保険を選んでいる暇
　　　がないんです。
鈴木：いくら忙しいと言っても、パンフレットくらい、読めないことはな
　　　いでしょう。
今井：読めないというよりも、読むのが面倒臭いんです。
鈴木：じゃあ昼休みにでも、保険会社の人に説明に来てもらえば？　社会

人になったら、保険ぐらい入っておいたほうがいいよ。
今井：そうですね、考えておきます。

課題 今井さんの立場になって、出来事を発表しましょう。

昨日、会社の近くで交通事故があったようだ。鈴木さんは＿＿＿＿＿＿＿＿＿＿＿＿＿＿＿＿＿＿そうだ。私は＿＿＿＿＿＿＿＿＿＿＿＿＿ので、＿＿＿＿＿＿＿＿＿＿＿＿＿どころではないが、鈴木さんに＿＿＿＿＿＿＿＿＿＿＿＿＿＿＿＿＿＿ほうがいいと言われた。

応用練習 −書く−

「嫌いではないのに、苦手なこと・していないこと」または、「どうしてなのか不思議に思っていること」などを「〜わけではないが」を使って書きましょう。また、なぜなのか理由も考えましょう。

例：私は、運動が嫌いなわけではありませんが、会社に入ってからは、全く体を動かしていません。最近は休みの日も…

＿＿＿＿＿＿＿＿＿＿＿＿＿＿＿＿＿＿＿＿＿＿＿＿＿＿
＿＿＿＿＿＿＿＿＿＿＿＿＿＿＿＿＿＿＿＿＿＿＿＿＿＿
＿＿＿＿＿＿＿＿＿＿＿＿＿＿＿＿＿＿＿＿＿＿＿＿＿＿
＿＿＿＿＿＿＿＿＿＿＿＿＿＿＿＿＿＿＿＿＿＿＿＿＿＿
＿＿＿＿＿＿＿＿＿＿＿＿＿＿＿＿＿＿＿＿＿＿＿＿＿＿

とっくに　　やけど（する）　　包帯　　至急　　処理（する）　　万一
生命保険　　面倒臭い

第12課

第13課 遺憾的是，一开始几乎没人会相信。

残念ながら最初はほとんどの人に信じてもらえない。

目標 逆接の表現が使えるようにしましょう。

　私はいつも、初めて会う人には必ず「学生のときは何をしていたんですか。」と聞かれる。そして、「学生のときは、ずっと吹奏楽部でトロンボーンを吹いていました。」と答える。すると、「え！　吹奏楽？　うそでしょ？」と言われて、残念ながら最初はほとんどの人に信じてもらえない。

　柔道やラグビーをしている人は、たいてい首が太くて体も大きい。また、バスケットボールやバレーボールをしている人は背が高い人が多い。しかし、首が太い、背が高いといっても、すべての人が太かったり、高かったりするわけではない。

　日本で最も有名な柔道選手の体重はわずか48 kgだし、日本人で初めてアメリカのプロバスケットボールの試合に出た選手の身長は173 cmである。

　しかし、ある日、テレビの有名なニュースキャスターが、その小さなバスケット選手に対して、「どうしてあの小さい体で、2 mの選手達と戦うことを選んだのだろう」と発言したのである。「バスケットは背の高い選手がやるスポーツだ」という勝手な思い込みである。

　確かに、バスケットボールをするには、背の高い選手が有利だ。とは言うものの、アメリカのプロ選手の中には彼と同じくらいの身長の選手もたくさんいるし、彼がアメリカでポジションを争っていたのは、みんな小さくてスピードのある選手達だった。また、柔道というのは体重別で戦うスポー

ツなので、世界中に体が小さくても強い選手がたくさんいる。彼らはみんな、小さいから有名なのではなくて、強いから有名なのだ。

　背が高いからといって、必ずバスケットボールやバレーボールをやっていたとは限らない。人や物の本当の姿を、思い込み無しで見よう、知ろうとすれば、192 cmの私がトロンボーンを吹いていても、何もおかしいことはないはずだ。

第13課

質問

① 「私」は学生時代、何をしていましたか。

_____

② 「有名なキャスター」が持っていた思い込みとは何ですか。

_____

③ どうして「私」の話は、いつも信じてもらえませんか。

_____

まとめ：本文の内容と合っているものを一つ選びなさい。
① 思い込みだけで発言することは良いことではない。
② 背が高い人がトロンボーンを吹くのは良いことではない。
③ 日本人は小さいのでバスケットボールをするのは良いことではない。

新出語彙

逆接　吹奏楽　トロンボーン　（トロンボーンを）吹く　柔道
ラグビー　首　体重　身長　ニュースキャスター　戦う
発言（する）　勝手な　思い込み　有利な　ポジション　争う
〜別　〜とは限らない

重要な文型と表現

1 ～ながら（も）

例　V／A／N　ながら　（～のに／～だが）

> すぐ近くまで行っておきながら、会わずに帰ってきてしまった。
> うちの息子は、幼いながらもよく家事を手伝っている。
> 吹奏楽部だったと言っても、残念ながらほとんどの人に信じてもらえない。

練習　＿＿＿に言葉を入れて文を完成させましょう。

(1) ＿＿＿＿＿＿＿＿＿＿＿＿＿＿、環境問題について、立派に発表した。
(2) 父はすべてを知りながら＿＿＿＿＿＿＿＿＿＿＿＿＿＿＿＿＿＿＿。
(3) ＿＿＿＿＿＿＿＿＿＿＿＿＿＿＿＿＿、たった2年で学校をやめた。
(4) ＿＿＿＿＿＿＿＿＿＿＿＿＿＿＿ながら、＿＿＿＿＿＿＿＿＿＿＿＿。

2 ～といっても

例1　V／Aい　といっても　（～というけれども、実は）

> 雨が降っているといっても、傘はささなくても大丈夫だ。
> 首が太い、背が高いといっても、全員がそうであるわけではない。

例2　A（な）／N　（だ）といっても

> 去年アメリカに行ってきました。アメリカといってもハワイですけど。
> あの山はきれいだといっても、登ってみるとごみがたくさん落ちている。

練習　＿＿＿に言葉を入れて文を完成させましょう。

(1) ＿＿＿＿＿＿＿＿＿＿＿、ハンバーガー一個なので、おなかがすいてきた。
(2) ＿＿＿＿＿＿＿＿＿＿＿、たいしたことないので心配しないでください。
(3) 数学が苦手だといっても＿＿＿＿＿＿＿＿＿＿＿＿＿＿＿＿＿＿＿＿。
(4) ＿＿＿＿＿＿＿＿＿を始めたといっても、＿＿＿＿＿＿＿＿＿＿＿＿＿＿。

③ 〜ものの

例1 V ものの （〜けれども／〜のに）

「二度としない」と約束はしたものの、守れる自信がない。
告白しようと思っているものの、どうしても言えない。

例2 とは言うものの （一般的に考えられることについて違うと言うとき）

とは言うものの、アメリカのプロ選手の中には小さい選手もたくさんいる。
3年間、料理教室に通っていた。とは言うものの、たいした料理は作れない。

練習 ＿＿＿に言葉を入れて文を完成させましょう。

(1) 毎年、新年の目標として「＿＿＿＿＿＿＿＿＿」と決心するものの、
＿＿＿＿＿＿＿＿＿＿＿＿＿＿＿＿＿。
(2) ＿＿＿＿＿＿＿＿＿＿ものの、難しくてなかなか上達しない。

④ 〜からといって

例1 V／Aい からといって （〜ということから当然考えられることとは違って）

ピアノを習っていたからといっても、人前でひけるほど上手なわけではない。
値段が高いからといって、いい品物かどうかは分からない。

例2 A（な）／N だ からといって

身長が190cmだからといって、必ずスポーツをやっていたとは限らない。
体が丈夫だからといって、無理をしてはいけないよ。

練習 ＿＿＿に言葉を入れて文を完成させましょう。

(1) ＿＿＿＿＿＿＿＿＿＿からといって、暴飲暴食はいけませんよ。
(2) ＿＿＿＿＿＿＿＿＿＿からといって、油断してはいけません。

（傘を）さす　たいした　一般的な　新年　暴飲暴食　油断（する）

第13課

復習と関連表現

復習　物事が実現するための条件を表すときに使う文型

〜たら／ても

V／A（い）　＋　たら　　A（な）／N　＋　だったら
V　＋　ても　　A（い）く　＋　ても　　A（な）／N　＋　でも

例文　① このまま少子化が進んだら、ますます高齢化社会になります。
　　　② おかしいわ、4月になってもまだこの桜は咲きませんよ。

【そのほかの表現】

〜ので　〜なら　〜ば　〜が　〜けど　〜のに　〜けれども

上手な文章の読み方

◆接続の表現を理解して、先を予測する。

順接　・〜たら　〜ば　〜ので	逆接　・〜ても　〜けど　〜のに
例：このまま大雨が続くこと（条件） 　　↓　　　　↓ 続いたら（○）　続かなかったら（×） 　　↓　　　　↓ 近くの川が増水する　増水しない （実現した）　　（実現しなかった） ・条件によって結果が変わる ・それぞれ当然の結果になる	このまま大雨が続くこと（条件） 　　↓　　　　↓ 続いても（○）　続かなくても（×） 　　↓　　　　↓ 近くの川は増水しない （実現しない） ・条件に関係なく同じ結果になる ・当然の結果にならない

接続を見て、結果が予測できる！

(1) このボートは5人乗れば沈みます。4人までだったら………。
(2) このボートは5人乗ったのに沈みません。6人乗っても………。

【逆接を表す接続詞】

しかし　けれども　それなのに

▶
▶

クラスの友達と練習しましょう。

練習1　一つの文にして条件を表しましょう。

（例）たくさん食べる・太る　→　（　たくさん食べたら太ります。　）
(1) 晴れる・ドライブに行く
(2) 犯人を見つける・逮捕する

練習2　一つの文にして条件を表しましょう。

（例）値段が高い・買う　→　（　値段が高くても買います。　）
(1) 高かった・すぐ故障した
(2) 何度も読む・理解できない

練習3　この文の接続はどちらですか。また、＿＿に入る文を考えましょう。

（例）　勝てないと分かってい　ても、最後までみんなを応援したいです。
　→　（　逆接　）
(1) 駅の名前は＿＿＿＿＿＿＿＿のに、何線に乗ればいいか分かりません。
(2) このプランに＿＿＿＿＿＿＿＿ば、今より3000円くらいお得ですよ。

練習4　どんな文が続くか考えましょう。

（例）今年は12月になっても、
　　　雪が降らないので、スキー場がなかなかオープンしません。
（問）一人だけじゃなくて、みんなが環境について真剣に考えたら、
＿＿＿＿＿＿＿＿＿＿＿＿＿＿＿＿＿＿＿＿＿＿＿＿＿＿＿＿＿＿。

実現（する）　条件　接続（する）　順接　ボート　沈む
逮捕（する）　得な　真剣な

第13課

応用練習 −話す−

Ⅰ
ワン：日本に来たからといって、簡単には(a)日本語が上手になりませんね。
道子：急にどうしたんですか。
ワン：日本に来ても、以前とほとんど変わりません。
道子：そんなことないですよ。(b)話せるようになってきているじゃないですか。
ワン：(c)話せるといっても、通訳できるほどではないですよ。
道子：ワンさんは、日本に来てまだ9か月ですよね。
ワン：でも、キムさんは来日して半年で(d)ペラペラになったと聞きましたよ。
道子：キムさんは、苦手でも必死に努力をしていたからですよ。
ワン：私も努力はしているんですけど…。
道子：そのうち効果が出てきますよ。

課題　＿＿＿のところを入れ替えて練習しましょう。

（1）(a)日本人の友人が増えません ― (b)何人かいる ― (c)いる・しょっちゅう会っているわけではない ― (d)親友ができた
（2）(a)日本料理が好きになれません ― (b)よく外食している ― (c)外食・ラーメンばかり ― (d)納豆が食べられるようになった

Ⅱ
ワン：調理師の免許を持っているからといって、料理が上手だとは限らないんですね。
キム：えっ、そうですか。
ワン：昨日、友人が料理を作ってくれたんですが、期待していたのにあまりおいしくなかったんですよ。
キム：そう。私は運転免許を持っているんですが、普段は全く車に乗らないですね。
ワン：えっ、本当ですか。
キム：免許を持っていても、なかなか運転する機会がなくて。

ワン：へえ、そうなんですか。
キム：資格を持っているといっても、使わなければ意味がないですね。

課題 ワンさんの立場になって、出来事を発表しましょう。

昨日、友人が料理を作ってくれたが、期待していたものの_____
_____。_____からといって_____とは限らないらしい。
キムさんは_____いながらも_____と言っていた。_____といっても_____。

応用練習 −書く−

人を外見や出身国で判断するのをどう思いますか。次の文章を読んで思ったことや、自分の体験などを書きましょう。

　私は日系ブラジル人ですが、日本語がほとんど話せません。日本で町を歩いていると日本語で話しかけられるのですが、分からないと答えると、相手は不思議そうな顔をしたり怒り出したりしてしまいます。外見が日本人と変わらないからといって、日本語が話せるわけではないことを理解して欲しいです。　　　（ブラジル人　20代男性）

_____
_____
_____
_____
_____

来日（する）　必死な　そのうち　効果　しょっちゅう　親友
調理師　普段　日系

第14課

> 就菜品摆盘方面而言，获得了目前日本最高的评价。

料理の盛り付けにかけては、現在日本で最も高い評価を得ている。

目標 条件を仮定して、それについての結果を言えるようにしましょう。

　本屋で雑誌を立ち読みしていて、「えっ！」と叫んでしまった。「どうしました？」と店員が声をかけてきたが、私は「いえ、何でもありません。すみません。」と言って、またその雑誌を読み始めた。
　驚いたことに、たまたま読んでいた雑誌に、私の恋人が載っていたのである。彼が雑誌に載っているのにも驚いたが、それよりも私を驚かせたのは、記事の内容であった。

「日本一美しい料理人」

　高校を卒業して、たった一人でフランスの専門学校へ留学。卒業後ニースのレストランで5年間修行して帰国。現在「ホテルTOKYO」のレストランで副料理長として働いている。
　料理の盛り付けにかけては、現在日本で最も高い評価を得ていて、日本一美しい料理人と呼ばれている。

　私の知っている彼は汚い。部屋にいるときはいつも同じ服を着ているし、頭はボサボサだし、休みの日でもめったに掃除をしない。私がたまに掃除をしようものなら、部屋中ほこりが舞ってくしゃみが止まらなくなるし、無くしたと言っていたものは見つかるし、もう大変なことになる。本当にこれ

がフランス料理を作っているシェフの部屋かと疑いたくなるほどだ。
　しかし、彼の職場の人もお客さんも知らない、本当の彼の姿を知っているのが私だけだとしたら、それはなかなかうれしいことかもしれないなと思った。

質問

① 私は、何に対して一番驚きましたか。

② 彼の職場の人や、お客さんが知っている彼とはどんな人ですか。

③ 私は、どうしてうれしい気持ちになりましたか。

まとめ：本文の内容と合っているものを一つ選びなさい。
① 私は、彼の本当の姿は日本一美しい料理人なのでうれしいと思った。
② 私は、彼の本当の姿を知っているのが自分だけなのでうれしいと思った。
③ 私は、彼の本当の顔や名前が雑誌に載っていたのでうれしいと思った。

新出語彙

盛り付け	仮定（する）	立ち読み（する）	（雑誌に）載る
料理人	修行（する）	副〜	〜長	ボサボサ	めったな
ほこり	舞う	職場	なかなか

重要な文型と表現

1　〜にかけて（は）／（も）

例1　Nに　かけては　（あることに関しては）

勉強は苦手だが、絵を描くことにかけてはだれにも負けない自信がある。
料理の盛り付けにかけては、現在日本で最も高い評価を得ている。

例2　Nに　かけても　（どんなことがあっても、絶対に）

私の命にかけても、友人との約束は破るわけにはいかない。

練習　＿＿＿に言葉を入れて文を完成させましょう。

(1) 私は、＿＿＿＿＿＿＿＿にかけてはだれにも負けない自信があります。
(2) あの人は、＿＿＿＿＿＿にかけては＿＿＿＿＿＿＿＿が、
　　＿＿＿＿＿＿にかけては＿＿＿＿＿＿＿＿＿＿＿＿。
(3) 私は、命にかけても、＿＿＿＿＿＿＿＿＿＿＿＿。

2　〜ものなら

例1　Vえる（可能）ものなら　（可能性は低いが、もしできたら）

できるものなら、宇宙旅行へ行ってみたい。
あの女優さんに会えるものなら、一度でいいから実際に会ってみたい。
打てるものなら打ってみろ。

例2　Vよう（意向）ものなら　（もしそれをした場合、大変なことになる）

私がたまに掃除をしようものなら、部屋中ほこりが舞ってくしゃみが止まらなくなる。
父は厳しいので、少しでも口ごたえしようものならすぐに頭をたたく。

練習 ＿＿＿に言葉を入れて文を完成させましょう。

(1) 食べられるものなら、一度でいいから＿＿＿＿＿＿＿＿＿＿＿＿＿＿。
(2) できるものなら、＿＿＿＿＿＿＿＿＿＿＿＿＿＿＿＿たい。
(3) 簡単に行けるものなら、＿＿＿＿＿＿＿＿＿＿＿＿＿てみたいと思う。
(4) 彼のように無責任な人が社長になろうものなら、＿＿＿＿＿＿＿＿＿＿。
(5) この調味料はとても＿＿＿＿＿＿＿ので、量を間違えようものなら、＿＿＿＿＿＿＿＿＿＿＿＿＿＿＿＿＿＿。

3　～　としたら／とすれば

例　V／A／N　としたら／とすれば　（もし、そのように考えたら）

外国へ行くとすれば、どこがいいですか。
これから毎日定時に帰れるとしたら、私には天国だ。
もし、知っているのが私だけだとしたら、それはなかなかうれしいことかもしれないなと思った。

練習 ＿＿＿に言葉を入れて文を完成させましょう。

(1) 旅行に行くとしたら、＿＿＿＿＿＿＿＿＿＿＿＿＿＿＿＿＿＿＿＿。
(2) 新しく＿＿＿＿＿＿＿としたら、＿＿＿＿＿＿＿＿＿＿＿＿＿たい。
(3) 他の外国語を＿＿＿＿＿＿としたら、＿＿＿＿＿＿＿＿＿＿。
(4) 転職するとしたら、＿＿＿＿＿＿＿＿＿＿＿＿＿＿＿＿＿＿てみたい。
(5) ＿＿＿＿＿＿＿＿＿としたら、＿＿＿＿＿＿＿＿＿＿＿＿＿＿＿＿。

宇宙旅行　口ごたえ（する）　無～　定時　天国　調味料

復習と関連表現

復習　条件を仮定するときに使う文型

〜さえ…ば
V（ます）・Vて／A（い）く／A（な）で／N ＋ さえ

例文　① ここさえ勉強しておけば、明日のテストは大丈夫です。
　　　② 家族が健康でさえいてくれれば、それで十分です。

【そのほかの表現】

もし…　　〜場合　　〜ならば　　〜であれば　　〜たら

【使い方】

ていねいな会話　A：このまま晴れの日が<u>続くのであれば</u>、水不足になってしまいますね。
　　　　　　　　　B：困りましたね。このままでは農作物が枯れてしまいます。

友達との会話　A：Bさん、もし仕事が早く<u>終わるんだったら</u>、ご飯食べに行かない？
　　　　　　　　B：いいね、もうすぐ終わるから、ちょっと待ってて。

上手な説明の仕方

◆説明する相手にイメージさせるために、場面や条件を仮定する。

例：「テレビ付き携帯電話の説明」

場面
・見たいテレビがあるが今日は仕事で遅くなる。
▼
条件
・テレビ付き携帯電話を持っている。
▼
結果
・電車に乗っているときに見ることができる。
▼

　今日は、どうしても見たいテレビ番組がある。しかし、仕事で遅くなってしまった。ビデオの録画もしていない。<u>こんなとき</u>、<u>このテレビ付き携帯電話さえ持っていれば</u>、電車に乗っていても、イヤホンを付けて<u>見たいテレビを見ることができる</u>。

▶ 練習3

クラスの友達と練習しましょう。

練習1 ていねいな言葉で条件を仮定しましょう。

(例) A：時間＿さえあれば＿、何でもできるような気がするんですけど。
　　 B：そうですね。でも時間がある時ほど、何も思いつかないものですよね。
(1) A：仕事が＿＿＿＿＿＿、ストレスは少ないでしょうね。
　　 B：そうでしょうね。つまらない仕事をするのは大変ですから。
(2) A：日本の夏も、湿気＿＿＿＿＿＿、快適なんですが。
　　 B：湿度が低いと同じ温度でも過ごしやすいですよね。

練習2 友達と会話をしましょう。

(例) A：暇＿だったら＿、映画でも見に行かない？
　　 B：いいよ。行こう。
(1) A：この洗顔料＿＿＿＿＿＿、メイク落としはいらないんだって。
　　 B：えっ！ 本当？
(2) A：車＿＿＿＿＿＿、終電の時間を気にしなくていいのに。
　　 B：そうだね。

練習3 上手に説明しましょう。

(例) 持ち運びに便利なノート型パソコン
　→ ＿いつ連絡が来るか分からないときや、いつでも何かのデータを見たいときがあります。こんなとき、このノート型パソコンさえ持っていれば、家に帰ってからや、電車の中でもデータを見たり、連絡をとったりすることができます。＿
(問) ラジオ付き懐中電灯

健康な　十分な　農作物　枯れる　イヤホン　思いつく
つまらない　湿気　快適な　湿度　温度　洗顔料　メイク落とし
持ち運び　ノート型パソコン　懐中電灯

第14課

応用練習 –話す–

長谷川：竹内さん、今日も残業になりそう？
竹　内：うん、今週中にやらなければならない仕事が３つもあって。
長谷川：大変だね。もし、(a)仕事がなくて暇だとしたら、どうしたい。
竹　内：できるものなら、(b)一か月くらい休暇を取りたいな。
長谷川：それで何をするの。
竹　内：(c)家で本を読んだりテレビを見たりして、家でゴロゴロするのよ。
長谷川：ええっ！　それだけ？　(d)1か月も休めるとすれば、私なら旅行に行くけど。
竹　内：それもいいわねえ。ああ…それが現実に起きたらなあ。
長谷川：本当にそんな奇跡みたいなことが起きればいいね。

課題　＿＿＿のところを入れ替えて練習しましょう。

(1) (a)一億円手に入った　―　(b)今すぐ会社を辞めたい　―　(c)一億円がなくなるまで何もしないでダラダラ過ごす　―　(d)大金が自由に使える・好きなだけ買物する
(2) (a)違う仕事をする　―　(b)南の島で働きたい　―　(c)土産物屋を開いてのんびり生活する　―　(d)海外で働く・大都会でバリバリ働く

Ⅱ
長谷川：今週の日曜日、雨かな？
竹　内：ううん、日曜日はいい天気よ。どうして。
長谷川：雨だとしたら、社内のスポーツ大会が中止になると思って。
竹　内：日曜日、他に予定でもあるの？
長谷川：ううん。そうじゃないけど。リレーに出なくていいものなら、何でもするんだけどな。
竹　内：どうしてリレーに出たくないの。
長谷川：私は、仕事にかけてはだれにも負けない自信があるんだけど。
竹　内：そうか、わかった！　運動オンチなんだ。
長谷川：あーあ。会社員になってまで、スポーツ大会があるなんて…。
竹　内：私の命にかけても、日曜日は絶対に晴れよ。

課題 竹内さんの立場になって、出来事を発表しましょう。

今週の日曜日は社内のスポーツ大会だ。長谷川さんは＿＿＿＿＿＿＿＿＿＿＿＿＿＿＿＿＿＿＿＿＿＿＿＿＿＿＿＿らしい。というのも＿＿＿＿＿＿＿＿＿＿＿＿＿＿＿＿＿＿＿＿＿＿からだ。
長谷川さんは＿＿＿＿＿＿＿＿＿＿にかけては＿＿＿＿＿＿＿＿＿＿＿＿＿＿と言っていた。しかし日曜日は＿＿＿＿＿＿＿＿＿＿＿＿＿＿＿＿＿＿＿＿＿。

応用練習 −書く−

第14課

あなたは無人島で生活することになりました。その島には野生の動物が住んでいて、食べ物も豊富にあります。今持っているものの中から三つだけ持って行けるとしたら、あなたは何を持って行きますか。理由も一緒に書きましょう。

___

___

___

___

___

休暇　（休暇を）取る　ゴロゴロする　現実　奇跡
手に入る　ダラダラ（する）　大金　バリバリ（働く）　リレー
〜オンチ　無人島　野生　豊富な

第15課 可能会产生预想不到的效果。

予想しない効果が現れてしまうことがあり得るのだ。

目標　「否定はできない」という気持ちを表せるようにしましょう。

日本には「食べ合わせ」という言葉がある。食べ合わせとは、食事のときに一緒に食べると体にいいとか、体に悪いという組み合わせのことである。少し前の時代なら、子供でも一つや二つは必ず言えるような常識だった。うっかり食べ合わせの悪いものを食べてしまって、ものすごく悪いことをしたかのように、本気で親に怒られたという人もいる。

最も有名な例として、うなぎと梅干を一緒に食べると良くないと言われているが、調べてみると、体に良くないという科学的な理由はないそうだ。また、医者の友人に話を聞いてみると、「うなぎはおいしい物、梅干はみんなが毎日食べる物を代表していて、おいしい物の食べすぎは良くないから、バランスのいい食事をすることが大事だということを表しているという話よ」と教えてくれた。そんな彼女のことだから、他の食べ合わせについても納得できる説明をしてくれると思っていたら、逆に科学的な理由がないのはそれくらいで、他のものについては、ちゃんと科学的な理由があるというのだ。

例えば、てんぷらとスイカを一緒に食べるのは、本当におなかを壊す原因になりかねないし、きゅうりとトマトは、お互いの栄養を弱くしてしまうのだそうだ。

また、友人は、食べ合わせよりもっと気を付けなければならないのは、薬の飲み合わせだと言っていた。ちゃんと医者の説明を聞かずにいろんな薬を一緒に飲むと、予想しない効

果が現れてしまうことがあり得るのだという。実際に、それが原因で別の病気になってしまった人もいるという。

また、薬を水やお湯ではなくて、お茶やコーヒーなどで飲むと、全く効果が現れないこともあるそうだ。薬を飲んでからお酒を飲むのも良くない。

最近では、もらった薬の成分表や、飲み合わせの悪いものなどを書いたものが医者からもらえるし、ネットには専門のサイトもある。私もこれからは、それらを参考にして、少し気を付けてみようと思った。

質問

① 食べ合わせの例として、どんなものがありますか。

② 食べ合わせよりも気を付けなければならないのは何だと言っていますか。

③ 最近は、病院で何がもらえますか。

まとめ：本文の内容と合っているものを一つ選びなさい。
① 科学的な理由がないのに、飲み合わせが悪いと言われているものもある。
② 食べ合わせが悪いと、別の病気になってしまうので気を付けた方がいい。
③ 薬は医者の説明をちゃんと聞いて、正しい飲み方をしなければならない。

新出語彙

食べ合わせ　組み合わせ　うっかり　本気　うなぎ　科学的な
スイカ　きゅうり　（おなかを）壊す　互いに　飲み合わせ
成分表　サイト

第15課

重要な文型と表現

1 ～かのようだ

例 V かのようだ （実際(じっさい)は違(ちが)うが、そのように見える）

ものすごく悪いことをしたかのように、本気(ほんき)で怒(おこ)られた。
うちの娘(むすめ)はちょっと転(ころ)んだだけなのに、骨折(こっせつ)でもしたかのように泣(な)いた。
彼(かれ)は、人に聞いた話を自分で見てきたかのように話す。

練習 ＿＿＿に言葉を入れて文を完成(かんせい)させましょう。

(1) あんなにおしゃれをして、＿＿＿＿＿＿＿＿＿＿かのようだ。
(2) 彼(かれ)はその事件(じけん)について＿＿＿＿＿＿＿＿＿＿かのようだった。
(3) あんなにいっきにご飯を食べてしまって、まるで＿＿＿＿＿＿＿＿＿＿かのようだ。

2 ～ことだから

例 Nの ことだから （よく知っている人や物事(ものごと)について、～と思う）

彼(かれ)のことだから、またいつもの寝坊(ねぼう)だろう。
道子(みちこ)さんのことだから、大変(たいへん)だからといって途中(とちゅう)で投(な)げ出(だ)したりはしない。

練習 ＿＿＿に言葉を入れて文を完成(かんせい)させましょう。

(1) あの店のことだから、今日も＿＿＿＿＿＿＿と思いますよ。
(2) 私の父のことだから、＿＿＿＿＿＿＿と思う。
(3) ＿＿＿＿＿＿＿さんのことだから、＿＿＿＿＿＿＿＿＿＿でしょう。
(4) ＿＿＿＿＿＿＿のことだから、＿＿＿＿＿＿＿＿＿＿だろう。

3 ～かねない

例 V（ます） かねない（よくないことが起こる可能性がある）

てんぷらとスイカを一緒に食べるのは、おなかを壊す原因になりかねない。
お酒を飲んで車を運転すると事故を起こしかねない。

練習 ＿＿＿に言葉を入れて文を完成させましょう。

(1) そんなに徹夜していたら、＿＿＿＿＿＿＿＿＿かねない。
(2) 寝ながらたばこを吸ったら、＿＿＿＿＿＿＿＿かねない。
(3) 油断していると、＿＿＿＿＿＿＿＿＿＿＿＿かねない。
(4) ＿＿＿＿＿さんなら、＿＿＿＿＿＿＿＿＿かねない。
(5) ＿＿＿＿＿＿＿たら、＿＿＿＿＿＿＿＿＿かねない。

4 ～得る（得る）

例 V（ます） 得る（あることが起こる可能性がある）

説明を聞かずにいろんな薬を一緒に飲むと、予想しない効果が現れてしまうことがあり得るのだという。
いじめは、どこの学校でも起こり得る問題です。

練習 ＿＿＿に言葉を入れて文を完成させましょう。

(1) 私の国では、これから＿＿＿＿＿＿＿＿も考え得る。
(2) 昔の人々にとって＿＿＿＿＿＿＿＿＿＿は、予想し得なかった。
(3) がんばれば、私が＿＿＿＿＿＿＿＿＿＿＿もあり得る。
(4) ＿＿＿＿＿さんが＿＿＿＿＿＿＿＿＿＿はあり得ない。

投げ出す　徹夜　いじめ

復習と関連表現

復習　何かが起こる可能性を表すときに使う文型

〜おそれがある
V ＋ おそれがある　　Nの ＋ おそれがある

例文　① 今夜から明日の朝にかけて、大雨になるおそれがあります。
　　　② 日差しが強いので、熱中症になるおそれがあります。

【そのほかの表現】

〜かもしれない　　〜はずだ

【〜おそれがある の使い方】

使える場面　良くないことや残念なことが起こる可能性を表すとき
・このまま天候が回復しないと、飛行機が飛べないおそれがあります。　○

使えない場面　良いこと、うれしいことが起こる可能性を表すとき
・晴れてきたので、飛行機が飛べるおそれがあります。　×

上手なアドバイスの仕方

◆自分の予測を加えて、相手に準備をさせる。

相談
▼
解答
▲
予測
▲
＊予測の根拠

例：今日は、曇っているけど、傘を持って行ったほうがいいかな？
▼
うん、今日は傘を持って行ったほうがいいよ。
▲
夜、雨が降るかもしれない（おそれがある）から。
▲
＊天気予報で降水確率60％だった。
▼
解答：夜、雨が降るかもしれないから、傘を持って行ったほうがいいよ。

▶ 練習3

【予測に関連した表現】
きっと　多分　おそらく
（予測が実現すると仮定して）一応　念のため　〜ほうがいい

クラスの友達と練習しましょう。

練習1 可能性があるということを伝えましょう。

(例) 約束したから、彼は遅刻しない。
　→（　約束したから、彼は遅刻しないはずです。　）
(1) せきが出てのどが痛いので、風邪を引いた。
(2) お酒を飲んで運転する。
(3) 連絡しないで、アルバイトを休む。
(4) 地震のとき大きなビルの下に立っていた。
(5) わき腹を打って、息を吸うと痛い。

練習2 「〜おそれがある」を正しく使っているのはどの文ですか。

(例) クレジットカードを落としてしまいました。悪用されるおそれがあるのですぐにカード会社に電話をして使用停止にしてもらいました。
(1) 話し合いがうまくいったので、戦争が終わるおそれがあります。
(2) 長年の研究のおかげで、ようやく今年、新しい薬の開発に成功するおそれがあります。
(3) 高速道路が事故で大渋滞だそうです。工場に必要な部品が届かないおそれがあります。

練習3 次のような状況になった時、どんなことが起こる可能性があるか、アドバイスと一緒に考えましょう。

　私の家は静かな住宅街にあります。家の前を通る車もほとんどありませんでした。しかし、今度、家の前に大きなスーパーができることになりました。今、夜はとても静かですが、スーパーは24時間営業で、大きな駐車場もできる予定です。

　日差し　熱中症　根拠　降水確率　おそらく　一応
　念のため　わき腹　打つ　クレジットカード　悪用（する）
　停止（する）　長年　部品　住宅街

第15課

応用練習 -話す-

I
ビ　　ル：リーさん、何かつらいことがあったのかな。
カルロス：ああ、今朝からずっと暗い顔しているね。
ビ　　ル：リーさんのことだから、食べ過ぎておなかでも壊したのかな？
カルロス：実は、最近リーさんは (a) アルバイトを辞めたらしいよ。
ビ　　ル：えっ！　また (b) クビになったの？
カルロス：それが、今回は (c) クビになったんじゃなくて、自分から辞めたいと言ったらしいよ。
ビ　　ル：えっ、まさか！　リーさんの場合、(d) クビになることはあっても自分から辞めるなんてあり得ないよ。
カルロス：僕も人から聞いたんで、詳しいことは分からないんだけど。
ビ　　ル：いったい何があったんだろうね。

課題　_____のところを入れ替えて練習しましょう。

(1) (a) 日本での就職をあきらめた ─ (b) 不採用になった ─ (c) 先方に断られた・自分から断った ─ (d) 断られる・自分から断る

(2) (a) 失恋した ─ (b) 一目ぼれした相手に告白した ─ (c) 一目ぼれして告白した・告白された ─ (d) 告白してふられる・自分がふる

II
黒沢：最近、村上さんは妙にウキウキしているわね。
大島：そういえば、この前就職試験を受けたから、合格したのかな。
黒沢：うーん、まだ結果は出ていないと思うけど。
大島：それにしても、あの喜びようは、すでに合格したかのようだね。
黒沢：試験も近いのに、授業中もうわの空なのよ。
大島：そうでなくても単位がぎりぎりなのに…。このままだと留年するかもしれないね。
黒沢：村上さんのことだから、留年なんかしたら大騒ぎになるわよ。
大島：そうだね。しかも、村上さんのご両親はとても厳しいから、大変なことになるよ。
黒沢：じゃあ、大学をやめさせられてしまうかもね。

課題 黒沢さんの立場になって、出来事を発表しましょう。

最近、村上さんは＿＿＿＿＿＿＿＿＿＿＿＿＿＿＿＿＿＿。この前受けた試験の結果は＿＿＿＿＿＿＿＿＿＿＿＿＿＿＿＿はずだが、すでに＿＿＿＿＿＿＿＿＿＿＿かのような喜びようだ。試験も近いのに、＿＿＿＿＿＿＿＿＿＿＿＿＿＿＿で、＿＿＿＿＿＿＿＿＿＿＿＿＿＿もあり得る。もし＿＿＿＿＿＿＿＿＿＿＿＿などしたら、村上さんは＿＿＿＿＿＿＿＿＿＿＿＿＿＿かねない。

応用練習 -書く-

現在行われている開発や研究がどんどん進んでいくと、悪いことが起こるかもしれないと思うことはありますか。どんな可能性があるか、また、そうならないためにはどうすればいいか、自分の考えを述べましょう。

例：人間が住むところや、遊ぶところを作るために開発を進めていったら、自然を破壊しかねない。新たに開発をするのではなく、今あるものを活かして、もっと良くしていけばいいと思う。

第15課

___

クビ　一目ぼれ　妙な　ウキウキ（する）　うわの空　ぎりぎり
留年（する）　大騒ぎ　進む　述べる　破壊（する）　新たに

第16課 应该说一句："我不明白，请指教。"

「分からないので教えてください」と言うべきなのである。

目標 人にうまく注意や忠告ができるようにしましょう。

　自分が知らないことや分からないことを人に聞くのは、だれでも恥ずかしいものだ。

　会社で仕事を頼まれたときや、学校の授業で何かを教えてもらったときに、本当はよく分からなかったのに、怒られたりばかにされたりするのが恥ずかしくて、「はい、分かりました」と、つい言ってしまった経験はないだろうか。

　よく分からなかったものをだれにも聞かずに、そのままにしておくと、他のだれかに迷惑をかけたり、思わぬところでミスが起きたりして、それが元でもっと大きな問題が起きることもあり得る。分からないことや不安なことは、行動する前に必ず「分からないので教えてください」と言うべきなのである。特に社会に出て働くようになったら、分からないことがあるというのが悪いのではなく、分からないことがあるのに、それをそのままにしておくのが一番悪いことだという考え方が必要になってくる。

　私の上司は、私が新入社員のときに、そのような失敗をする前に「新人なんだから、何も分からないのは当たり前だ。だから、だれかに何かを聞くのは恥ずかしいという考え方は、捨てることだよ」と教えてくれた。私は、それ以来、とても気持ちが楽になって、人に何かを教えてもらうことに対して、全く恥ずかしいと感じないようになった。最初にそう言ってくれた上司には、本当に感謝している。

日本では、どうせ恥をかくのなら、早いうちにかいてしまって、後で大事なときに恥をかかないようにしろという忠告の意味で、「聞くは一時の恥、聞かぬは一生の恥」ということわざを使っている。
　しかし、話を聞いてもすぐに忘れてしまって、いつまで経っても同じことを聞いていては、それこそ一生の恥というものなので、一度聞いたら次からはしっかりできるように身に付けておくことを忘れてはならない。

質問

① 自分が知らないものを、そのままにしておくと、どうなりますか。

② 私は何をするのが恥ずかしくないと言っていますか。

③ 私が思っている「一生の恥」であることを二つあげましょう。

まとめ：本文の内容と合っているものを一つ選びなさい。
① わからないことを、人に教えてもらうのは「一時の恥」だ。
② わからないことを、人に教えてもらうのは「一生の恥」だ。
③ わからないことを、身に付けておくことは「一生の恥」だ。

新出語彙

ばかにする　思わぬところ　（迷惑を）かける　不安な
新入社員　新人　楽な　どうせ　恥　（恥を）かく　一時
一生　ことわざ　身に付ける（付く）

第16課

重要な文型と表現

1　～ものだ

例1　Vる／ない　ものだ　（～するのが当たり前だ）

「住めば都」とは、慣れてしまえばどんな場所でも暮らしていけるものだという意味だ。

例2　Aい／Aな　ものだ　（〃）

自分が知らないことや分からないことを人に聞くのは、だれでも恥ずかしいものだ。

例3　V　ものだ　〔①昔はよく～した　②本当に～だなあ（感嘆）〕

① 昔、よくこの川で遊んだものだ。
② オリンピック選手は、よくあんなに速く走れるものだ。

練習　文を完成させましょう。

(1) 子供は外で元気に遊びます。　　　　　　　　→＿＿＿＿＿＿＿＿＿＿
(2) 日本では、はしからはしへ食べ物を渡しません。→＿＿＿＿＿＿＿＿＿＿
(3) ６月の東京は雨が多いです。　　　　　　　　→＿＿＿＿＿＿＿＿＿＿
(4) 日本に来て間もないのに、ずいぶん＿＿＿＿＿＿＿＿＿＿＿＿＿＿ものだ。
(5) 私が子供の頃は、＿＿＿＿＿＿＿＿＿＿＿＿＿＿＿＿＿ものだ。

2　～べきだ／べきではない

例1　Vる　べきだ　（した方がいい）

「分からないので教えてください。」と、言うべきなのである。
学生はアルバイトに夢中にならないで、しっかり勉強するべきだ。

例2　Vる　べきではない　（絶対に～しない方がいい）

一度だめだったからといって、簡単にあきらめるべきではない。

練習　＿＿＿に言葉を入れて文を完成させましょう。

(1) 体調を崩しているときに、＿＿＿＿＿＿＿＿＿＿べきではない。
(2) 学校内では＿＿＿＿＿＿＿＿＿＿＿＿＿べきだ。
(3) 地震に備えて、＿＿＿＿＿＿＿＿＿＿＿＿べきだ。

3　〜ことだ

例　Vる／ない　ことだ　（何かをするためには、〜した／しない方がいい）

> だれかに何かを聞くのは恥ずかしいという考え方は、捨てることだよ。
> 友達と仲直りしたいなら、自分から謝ることだ。

練習　＿＿＿に言葉を入れて文を完成させましょう。

(1) 一流のシェフになりたければ、＿＿＿＿＿＿＿＿＿ことだ。
(2) ＿＿＿＿＿＿＿＿なら、まめに連絡することだ。
(3) ＿＿＿＿＿＿になりたいなら、＿＿＿＿＿＿＿＿＿ことだ。
(4) ＿＿＿＿＿＿＿＿＿なら、しっかり計画を立てることだ。

4　〜というものだ

例　A／N　というものだ　（ある事実に対して、自分の意見を言う）

> いつまで経っても同じことを聞いていては、それこそ一生の恥というものだ。

練習　＿＿＿に言葉を入れて文を完成させましょう。

(1) ＿＿＿＿＿＿＿＿が真の友情というものだ。
(2) ＿＿＿＿＿＿＿＿がいい親というものだ。
(3) ＿＿＿＿＿＿＿＿が常識というものだ。

都　感嘆　間もない　（体調を）崩す　備える　まめな　真
友情

復習と関連表現

復習　注意・忠告するときに使う文型

～てはならない
Vて ＋ はならない

例文　① 手を使ってはならない。（ルール説明）
　　　② この部屋には、勝手に入ってはなりません。

【そのほかの表現】
～ては（ちゃ）いけない　～なければ（なきゃ）ならない　～ほうがいい

【使い方】
ていねいな会話　A：すみません、更衣室はどこですか。
　　　　　　　　B：更衣室はあちらにありますが、外履きで入ってはならないことになっていますので…。

友達との会話　A：パーティーに持っていくもの何かあるかな。
　　　　　　　B：特にないけど、招待状は絶対忘れちゃいけないよ。

上手な説得の仕方

◆習慣や常識とされているものを例に挙げてきちんと理由を言う。
＊説得する……相手とよく話して納得させること。

例：「2か月前に日本に来て、日本語を勉強しているが、全然上達しないのでもう帰りたい。」と言った学生に対して先生が説得する場面。

▼

[忠告]　　　　　　　　　　　　　　　　　　　　　　[習慣・常識]

○○さん、あきらめてはなりませんよ。語学を勉強する人は、だれでも最初の2か月くらいは苦労するものです。私もアメリカに留学したときそうでした。もう少し時間が経てば、きっと分かるようになりますから、まだ帰らないほうがいいですよ。きっと後悔しますから、もう少し一緒にがんばってみましょう。

[忠告]　　　　　　　[習慣・常識]

▶ 練習4

クラスの友達と練習しましょう。

練習1　ていねいに忠告しましょう。

(例) 美術館で、フラッシュを使って写真を撮ること。
→ (美術館では、フラッシュを使って写真を撮ってはなりません。)
(1) 禁煙席で、たばこを吸うこと。
(2) 健康診断は7日までに受けること。

練習2　友達に忠告しましょう。

(例) 教室で、お酒を飲んでいる。
→ (教室でお酒を飲んじゃいけないよ。)
(1) 駅のホームで、黄色い線から出て立っている。
(2) 飼っている犬に暴力をふるっている。

練習3　会話を完成させましょう。

(例) A：今日、一緒に飲みに行かない？
　　 B：ごめん、今日はレポートを＿書かなくちゃならない＿から…。
(1) A：朝からずっと頭が痛くて、調子が悪いんです。
　　 B：じゃあ、今日は＿＿＿＿＿＿＿＿よ。
(2) 学生：先生、この問題が終わったら帰ってもいいですか。
　　 先生：いいえ、授業が終わる時間まで＿＿＿＿＿＿＿＿。

練習4　あなたは先生です。試験の時の注意を考えましょう。

先生：今日は試験です。いくつか注意することがあります。まず、教科書やノートは＿＿＿＿＿＿。試験が始まったら、＿＿＿＿＿＿。それから、＿＿＿＿＿＿。では、始めます。

更衣室　　外履き　　説得(する)　　後悔(する)　　フラッシュ
健康診断　　暴力　　(暴力を)ふるう

第16課

応用練習 －話す－

Ⅰ
アラン　　：先生、ちょっと相談に乗っていただけませんか。
山田先生　：ええ、いいですよ。
アラン　　：(a) 今度引越したアパートは、近所付き合いがあまりないんですが、どうしたらいいでしょうか。
山田先生　：(b) 近所付き合いがしたいなら、まずはあいさつに行くことですよ。
アラン　　：それは分かっているんですが、(c) 私は人見知りするほうで…。
山田先生　：それなら、(d) 町内会のお祭りや清掃活動などの行事に参加したらどうですか。
アラン　　：それでうまくいくでしょうか。
山田先生　：(e) 何度も顔を合わせれば、自然に仲良くなれますよ。
アラン　　：そうですか、じゃあがんばってみます。

課題　_____のところを入れ替えて練習しましょう。

(1) (a) アルバイト先の日本人と親しくなりたい ― (b) 親しくなりたい・自分から話しかける ― (c) 何を話したらいいのか分からなくて ― (d) 積極的に仕事を手伝ったら ― (e) 接する機会が増えれば

(2) (a) ヤンさんを怒らせてしまったみたいな ― (b) 仲直りがしたい・素直に謝る ― (c) ヤンさんが口をきいてくれなくて ― (d) メールで連絡してみたら ― (e) 仲直りしたい気持ちを正直に話せば

Ⅱ
カルロス　：昨日、国にいる両親と大げんかしてしまったんです。
山田先生　：えっ、どうしてですか。
カルロス　：アルバイトを始めてから出席率が下がったことを知られてしまって、すごく叱られたんです。
山田先生　：それは当然ですよ。学生は学校に行って勉強するものですから。
カルロス　：それはそうですが、そんなに怒らなくてもいいじゃないかと思うんです。
山田先生　：親が子供を叱るのは当然というものでしょう。
カルロス　：でも、その上、アルバイトを辞めろとまで言い出して。

山田先生：叱られたくなかったら、両立させることですよ。
カルロス：あんまり頭にきて、少ない仕送りならいらないと言ってしまったんです。
山田先生：親にそんな言い方をすべきではないですよ。

課題 カルロスさんの立場になって、出来事を発表しましょう。

昨日＿＿＿＿＿＿＿＿＿＿＿＿＿＿＿＿＿てしまった。原因は＿＿＿＿＿＿＿＿＿＿＿＿＿＿＿＿＿しかられた上に、＿＿＿＿＿＿＿＿＿＿＿＿＿＿＿＿からだ。しかし、山田先生に＿＿＿＿＿＿＿＿＿＿＿＿＿＿＿＿＿＿＿＿＿＿ことだと言われた。私は頭にきて＿＿＿＿＿＿＿＿＿＿＿＿＿＿＿＿と言ってしまったが、先生に＿＿＿＿＿＿＿＿＿＿＿＿＿＿＿＿＿と言われて、少し反省している。

応用練習−書く−

次の意見を読んで、この人にアドバイスをしましょう。

今まで、会社のために必死で働いてきました。しかし今回の人事で部長になれませんでした。もう努力しても出世は無理そうだし、今後は何を目標にがんばればいいのか、分からなくなってしまいました。

＿＿＿＿＿＿＿＿＿＿＿＿＿＿＿＿＿＿＿＿＿＿＿＿＿＿＿＿
＿＿＿＿＿＿＿＿＿＿＿＿＿＿＿＿＿＿＿＿＿＿＿＿＿＿＿＿
＿＿＿＿＿＿＿＿＿＿＿＿＿＿＿＿＿＿＿＿＿＿＿＿＿＿＿＿
＿＿＿＿＿＿＿＿＿＿＿＿＿＿＿＿＿＿＿＿＿＿＿＿＿＿＿＿
＿＿＿＿＿＿＿＿＿＿＿＿＿＿＿＿＿＿＿＿＿＿＿＿＿＿＿＿

（相談に）乗る　近所付き合い　人見知り（する）　町内会
清掃活動　行事　顔を合わせる　仲良くなる　親しい　積極的な
素直な　正直な　両立（する）　頭にくる　仕送り（する）
反省（する）　人事　出世（する）

第16課

第17課 水面上看得见部分，仅占全体的10%。

水面から上に見えている部分は、全体のわずか10％にすぎない。

目標 間違いないと思われる物事を断定して言えるようにしましょう。

　1912年4月、豪華客船タイタニック号は、航海中に、海に浮いている大きな氷のかたまりにぶつかって、海の底に沈んだ。約46000トンもある大きな船が簡単に壊れてしまうような大きさなら、ぶつかる前にもっと早く見つけることができたのではないかと思うかもしれない。しかし、海に浮いているその氷のかたまりのうち、水面から上に見えている部分は、全体のわずか10％にすぎない。残りの90％は見えていないのだ。

　この大きな氷のかたまりのことを氷山と言う。氷山は北極や南極の近くの海に浮いていて、中には2kmくらいある大きなものもある。しかも見えている部分だけでそれくらいあるので、全体でどのくらいの大きさになるかは想像を超える。また、氷山はとても美しいので、私達も日本にいながら、写真や映像でその姿を見る機会がたくさんある。

　日本では、そんな美しい氷山という言葉を使って、「氷山の一角」と言うことがある。これは、実際に見えているのは、全体のほんの少しの部分にすぎないという意味で、新聞やニュースで本当によく使われている言葉だ。

　例えば、痴漢や万引き、飲酒運転や不法滞在などで逮捕される人は、「氷山の一角」にほかならない。また、病院内で起きた医療ミスを隠していたことが明らかになって報道されたり、警察や政治家が「汚職事件」と言われるお金に関わる犯罪を犯して逮捕されたりするのも、きっと「氷山の

一角」に違いない。
　写真や映像で見る氷山はとても美しいのに、それがとても悪い意味の言葉で使われているのは、本当に残念だと思うほかない。

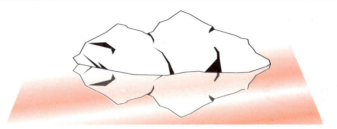

質問

① タイタニック号は、どうして海の底に沈んでしまいましたか。

_____

②「氷山の一角」という言葉は、どんな時に使われていますか。

_____

③ どうして、「汚職事件」という犯罪は「氷山の一角」なのですか。

_____

まとめ：本文の内容と合っているものを一つ選びなさい。
① 大きな客船が海に沈んでも、全体の10％しかニュースにならない。
② 病院の中でミスを隠すのは犯罪だが、実際にはあまり逮捕されていない。
③ 本当の姿は美しいのに、悪い意味で使われる言葉を「氷山の一角」という。

新出語彙

| 水面　断定（する）　豪華な　客船　タイタニック号 |
| 航海（する）　浮く　氷　かたまり　ぶつかる　底　トン |
| 見つける　残り　氷山　北極　南極　しかも |
| 氷山の一角　痴漢　万引き　飲酒運転　不法滞在　医療ミス |
| 隠す　明らかな　報道（する）　汚職事件　（犯罪を）犯す |

重要な文型と表現

1　～に　すぎない

例　V／A／N　にすぎない　（ただそれだけで、それ以上ではない）

私はうわさを聞いたにすぎないので、詳しいことは分からない。
水面から上に見えている部分は、全体のわずか10％にすぎない。

練習　「にすぎない」を使って、言い換えましょう。

(1) 私は通りかかっただけだから、よく分からない。→＿＿＿＿＿＿＿＿＿。
(2) 大企業の役員になれる人はごく少数だ。　　　→＿＿＿＿＿＿＿＿＿。
(3) 試験に合格した人は5％です。　　　　　　　→＿＿＿＿＿＿＿＿＿。
(4) A：英語が分かるんですか。
　　B：日常会話ができます。　　　　　　　　　→＿＿＿＿＿＿＿＿＿。

2　～に　ほかならない

例　Nに　ほかならない　（それ以外ではない、他にはない）

痴漢や万引きなどで逮捕される人は、「氷山の一角」にほかならない。
この事業の失敗は、私の責任にほかならない。

練習　「ほかならない」を使って文を書き換えましょう。

(1) 今回の成功は彼女の努力の結果です。→＿＿＿＿＿＿＿。
(2) 今回の火事の原因は、たばこの不始末です。→＿＿＿＿＿＿＿。
(3) 彼の病気の原因は、過労です。→＿＿＿＿＿＿＿。

3　～に　違いない

例1　V　に違いない　（自分ではきっと～だろうと思う）

田中さんはお酒が好きだから、今度の飲み会には必ず行くに違いない。
彼女は昨日熱があったから、今日も欠席するに違いない。

例2 Aい／A（な） に違いない

母が愛情を込めて作った料理なら、おいしいに違いない。
彼はいつも彼女のことを見つめている。好きに違いない。

例3 N に違いない

もう12月だ。札幌は雪に違いない。
警察や政治家が「汚職事件」と言われるお金に関わる犯罪を犯して逮捕されたりするのも、きっと「氷山の一角」に違いない。

練習 ＿＿＿＿に言葉を入れて文を完成させましょう。

(1) 今晩は星が多いので、明日は＿＿＿＿＿＿＿＿に違いない。
(2) 昨日から頭痛と咳がひどいので、＿＿＿＿＿＿＿＿に違いない。
(3) 年末になった今、郵便局は＿＿＿＿＿＿＿＿に違いない。
(4) あの服装からすると、彼女は＿＿＿＿＿＿＿＿に違いない。
(5) ＿＿＿＿＿＿＿＿＿＿＿＿＿＿＿＿＿ので、まだ寝ているに違いない。

4 〜 ほか（は）ない

例 Vる ほか（は）ない
（あまりしたくないが、他に方法がないのでしかたがない）

美しい言葉が、とても悪い意味で使われているのは、本当に残念だと思うほかない。

練習 ＿＿＿＿に言葉を入れて文を完成させましょう。

(1) 気は進まないが、成功させるため、＿＿＿＿＿＿＿＿ほかない。
(2) お金に余裕はないが＿＿＿＿＿＿ために、＿＿＿＿＿＿＿＿ほかはない。
(3) ＿＿＿＿＿＿＿＿＿＿＿＿＿＿＿＿＿＿＿ほかはない。
(4) ＿＿＿＿＿＿＿＿＿＿＿＿＿＿＿＿＿のは、残念だと言うほかはない。

役員　少数　事業　不始末　過労　見つめる　気が進まない
余裕

復習と関連表現

復習 — 自分の主張を客観的に表すときに使う文型

～と思われる／ように思われる
V／Aい／A（な）だ／N ＋ と／ように 思われる

例文　① 鈴木選手は、いつもより緊張しているように思われます。
　　　② お盆の帰省ラッシュは、12日の午後から始まると思われます。

【そのほかの表現】

受身形　　～と／ように見られる　　ように感じられる
＊予定を表す：～Vる見込み　　～Vる模様

【使い方】

使う場面　　たくさんの人に向かって情報を伝える場合
　キャスター：大統領はもうそちらに到着しているんでしょうか。
　リポーター：いいえ、大統領を乗せた車はまだこちらに姿を現して
　　　　　　　おりません。しかし、お昼頃には到着すると思われます。

使わない場面　普通に会話をしている場合
　パ　ク　：キムさん遅いね。今日は来ないのかな。
　道　子　：いや、きっと来ると思われるよ。　×

上手な主張の仕方

◆確実な情報をもとに予測した自分の意見を客観的に表す。

例：・今年の夏は、平均気温が去年より2℃ぐらい高くなる。
　　・ビール会社のデータによると、前の年より気温が
　　　2℃高くなると、ビールの売り上げは倍になる。
　　▼
　　・今年の夏は、去年の夏より、ビールの売り上げが
　　　上がるはずだ。
　　▼

例：今年の夏は、去年より平均気温が2℃ぐらい高くなるそうだ。ビール会社のデータによると、前の年より2℃高くなるとビールの売り上げは倍に増えるということなので、今年の夏はビールの売り上げが倍ぐらいに増えると思われる。

＊よく使われる場面
　ニュース、政府や会社の政策発表、論文、講義　…

クラスの友達と練習しましょう。

練習1 自分の意見を客観的に表しましょう。

（例）このグループは近いうちに来日しそうです。
→ （ このグループは近いうちに来日すると思われます。 ）
(1) この大会はオランダが優勝しそうだ。
(2) 文化祭は延期になるかもしれません。
(3) 日本人は自己主張が不得意な気がします。

練習2 「思われる」を使って自分の意見を言いましょう。

（例）日本の将来 →（子供に対する教育レベルがどんどん低下しているので、これからは、あらゆる分野の専門家が子供の教育に関わっていくと思われます。）
(1) 私の国
(2) 宇宙開発

練習3 たくさんの人に伝えるつもりで＿＿＿の部分を客観的に言いましょう。

（例）たった今、選手団が空港に到着しました。初の大会出場ということで、選手一人一人の表情が硬いです。明日の朝、現地に向かうらしいです。
→ たった今、選手団が空港に到着した模様です。初の大会出場ということで、選手一人一人の表情が硬いように思われます。この後、午後6時の便で、現地に向かう模様です。

（問）現場からお伝えします。今朝8時ごろこちらで火事が発生しました。まだ火は消えていませんが、中にはまだ女性が一人取り残されているらしいです。

主張（する）　お盆　帰省（する）　見込み　模様　リポーター
確実な　平均　℃（ど）　政策　グループ　延期（する）
自己主張　不得意な　低下（する）　あらゆる　分野　選手団
初　表情　硬い　取り残される

第17課

応用練習 －話す－

Ⅰ
ワン：道子さん、元気がありませんね。どうかしたんですか。
道子：(a) 帰りの電車で、ちょっといやなことがあって…
ワン：えっ、何があったんですか。
道子：小学生くらいの子供が2人、(b) 車内でつり革にぶら下がったりして騒いでいたのよ。
ワン：ええっ、親は一緒じゃなかったんですか。
道子：それが (c) すぐ近くにいるのに注意しないの。
ワン：ひどいですね。それで？
道子：それで、子供に (d) 周りの人に迷惑だからと静かにするように言ったんだけど、無視されちゃって。
ワン：えーっ、それは親のしつけに問題がありますよ。

課題　＿＿＿＿のところを入れ替えて練習しましょう。

（1）(a) 帰りに寄ったスーパー ― (b) 座り込んで通路をふさいでいた ― (c) おしゃべりに夢中で気付いていない ― (d) 他の人が通れないから道を空ける
（2）(a) アルバイトしている本屋 ― (b) お菓子を食べながら本をいじっていた ― (c) 雑誌を立ち読みしていて知らんぷりしている ― (d) 本が汚れるからお菓子を食べるのをやめる

Ⅱ
キム：ワンさん、どうしたんですか、怖い顔をして。
ワン：昨日買ったお菓子に、ネジが混じっていたんです。
キム：えっ！　危ないじゃないですか。
ワン：ええ。たった今、店に電話したんですが「すみません」という一言さえないんですよ。
キム：えっ、ひどいですね。それで？
ワン：店では商品を置いているだけだから、文句を言われても困るって。
キム：えーっ、ずいぶん無責任な店ですね。
ワン：交換はするけど、商品に対するクレームは、メーカーに連絡するようにと言われました。
キム：じゃあ、直接メーカーに電話するしかないですね。

課題 ワンさんの立場になって、出来事を発表しましょう。

　昨日買ったお菓子に、ネジが混じっていた。それで、買った店に電話したところが、＿＿＿＿＿＿＿＿＿＿＿＿さえなく、店では置いているにすぎないから＿＿＿＿＿＿＿＿＿＿＿＿＿＿＿と言われた。キムさんも、＿＿＿＿＿＿＿＿＿＿＿＿＿＿＿にほかならないと言っていた。しかし、＿＿＿＿＿＿＿＿＿＿＿＿＿＿＿＿＿＿＿＿＿と言われたので、＿＿＿＿＿＿＿＿＿＿＿＿＿ほかはない。

応用練習 －書く－

　あなたが「絶対に間違いない」と思っていることは何ですか。反対に、「間違いないと思っていたことが、実はかん違いだった」ということはありますか。「〜に違いない」を使って、どうしてそう思うのか、理由も書きましょう。

例：彼女は、本当に頭がいいに違いない。なぜなら、授業中寝てばかりいるのに、いつもテストでいい点をとっているからだ。

つり革　ぶら下がる　無視（する）　しつけ　座り込む
通路　ふさぐ　知らんぷり（する）　ネジ　混じる
交換（する）　クレーム　かん違い（する）

第18課 掌握的単詞数量和語法之類暫且不論，最大的区別是会話的速度。

知っている単語の数や文法はともかく、一番の違いは会話のスピードだ。

目標 例を挙げる表現をうまく使えるようにしましょう。

　ある英会話の先生が、外国語を勉強している初級と中級の学習者を比べると、知っている単語の数や文法はともかく、一番の違いは会話のスピードだと言っていた。

　二人の人に、全く同じ内容の英文を、読むスピードを変えて読んでもらい、英語がほとんど話せない人に聞かせるという実験をしたところ、10人中6人が、読むスピードが速い人のほうが難しい言葉を使っていると答えたという。それほど、会話のスピードは、相手に与える印象を左右するというのだ。

　会話のスピードと言う場合、意味が二つある。一つは、このような単純に文や単語を読むスピードである。そして、もう一つが、答えが正しいか正しくないかはともかく、質問されたことに答える反応のスピードである。

　質問されたことに対して、すぐに反応できるようになるには慣れるしかない。たくさん聞いて、たくさん話すことでしかそれは身に付かないという。だから、初級の学習者が、次のレベルに進むためには、話したり聞いたりする機会を増やすこと、つまり「会話に対する慣れ」が必要なのだそうだ。

　この「会話に対する慣れ」は「コミュニケーション能力」と呼ばれている。この能力が高い人は、ペーパーテストの成績からして間違いなく初級だと思った人でも、実際に会って話をすると、答えるスピードが速い。そればかりか、一つの文は短いが、それを「ん～」とか「あ～」とか「あ～ん」

という音でつなげて、話を続けるテクニックも持っている。
　反対に、この能力が低い人は、反応が遅くて、答えの文も短くて、それ以上あまり話そうとしない。初級レベルと呼ばれているのは、このような学習者達が多い。
　もちろん、この能力さえ高ければいいというわけでもない。知っている単語や文法が少なければ、次のレベルに進むことはできない。大切なのは、今の自分に足りないのは何なのかよく考えて、バランスよく勉強するのが上手になるための近道だと私は思う。

質問

① 初級と中級の学習者の、一番の違いは何だと言っていますか。

_____

② 「会話に対する慣れ」は、何と言い換えられますか。

_____

③ 私は、外国語が上手になる近道は何だと言っていますか。

_____

まとめ：本文の内容と合っているものを一つ選びなさい。
① 会話のスピードは、中級レベルにならないと上がらない。
② 会話のスピードは、たくさん話してたくさん聞かないと上がらない。
③ 会話のスピードは、たくさん単語と文法に慣れないと上がらない。

新出語彙

印象　左右（する）　英文　単純な　反応（する）　慣れ
コミュニケーション　ペーパーテスト　間違いない　つなげる
テクニック　近道

重要な文型と表現

1　〜は　ともかく

例　N　はともかく　（Aは問題にしないで、Bについて言うとき）

知っている単語の数や文法はともかく、一番の違いは会話のスピードだ。
彼は、見た目はともかく性格がとてもいい。

練習　＿＿＿に言葉を入れて文を完成させましょう。

(1) ＿＿＿＿＿＿はともかく、彼女が料理を作ってくれたことがうれしい。
(2) ＿＿＿＿＿＿はともかく、精一杯がんばればいいよ。
(3) あの人は、＿＿＿＿＿＿はともかく、＿＿＿＿＿＿＿＿＿＿。
(4) この服は、＿＿＿＿＿＿はともかく、＿＿＿＿＿＿＿＿＿＿。
(5) ＿＿＿＿＿＿は、＿＿＿＿＿＿はともかく、＿＿＿＿＿＿＿＿＿＿。

2　〜　からして

例　N　からして　（〜から考えて／〜もそうだから、他のことも）

ペーパーテストの成績からして、間違いなく初級の学習者だと思った。
彼はひらがなからして読めないのだから、漢字が書けないのも無理はない。

練習　＿＿＿に言葉を入れて文を完成させましょう。

(1) あの人の、＿＿＿＿＿＿からして、40歳くらいだと思った。
(2) 父の＿＿＿＿＿＿からして、＿＿＿＿＿＿とは思えない。
(3) 君は、＿＿＿＿＿＿からしてだらしないね。
(4) あのチームは、＿＿＿＿＿＿からしてやる気がないから、きっと優勝は無理だろう。
(5) 田中さんは本当に尊敬できます。＿＿＿＿＿＿からして、他の人と違います。

3 ～ばかりか

例 V／A／N ばかりか （それだけではなくて）

泥棒に入られて、お金を盗られたばかりか、パスポートまで盗られた。
新しい家は静かなばかりか、広くて住みやすい。
あの学生は答えるスピードが速い。そればかりか、間違いがほとんどない。
彼は英語ばかりか、フランス語とドイツ語も話せます。

練習 ＿＿＿に言葉を入れて文を完成させましょう。

(1) ＿＿＿＿＿ばかりか、＿＿＿＿＿まで私を信じてくれない。
(2) 木村さんは、＿＿＿＿＿ばかりか、＿＿＿＿＿もできる。
(3) 日本の生活は、＿＿＿＿＿ばかりか、＿＿＿＿＿。
(4) ＿＿＿＿＿は、＿＿＿＿＿ばかりか、＿＿＿＿＿。

4 ～さえ／でさえ

例 N さえ／でさえ （極端な例を挙げて言うとき）

就職した彼は毎日忙しくて、メールの返事さえくれない。
こんな簡単な漢字は、子供でさえ読める。
飲む物さえなくて餓死した親子がいるというニュースを見た。

練習 ＿＿＿に言葉を入れて文を完成させましょう。

(1) ＿＿＿＿＿でさえがまんしているのだから、あなたもがまんしなさい。
(2) 会社が倒産して、彼は＿＿＿＿＿さえなくなってしまった。
(3) 富士山には、＿＿＿＿＿でさえ、雪がある。

見た目　精一杯　無理はない　だらしない　尊敬（する）
極端な　餓死（する）　倒産（する）

復習と関連表現

復習　代表例を挙げるときに使う文型

～をはじめ／はじめとして
N ＋ を　はじめ／はじめとして／はじめとするN

例文　① 日本には、利根川をはじめ、たくさんの大きな川があります。
　　　② 外務大臣をはじめとする団体が、アメリカに到着しました。

【そのほかの表現】

～とか、～とか　　　～やら、～やら　　　～というと／いえば／いったら

【使い方】

ていねいな会話　A：あなたの家の近くには、お店がありますか。
　　　　　　　　B：はい。コンビニやスーパーなど、たくさんありますよ。

友達との会話　　A：どんなゲーム持ってるの。
　　　　　　　　B：クイズゲームとかサッカーゲームとか、いっぱいあるよ。

上手な面接の仕方

◆自己紹介は、例を挙げてわかりやすく説明する。

面接の内容

自己紹介
▼
面接を受ける理由
▼
これからの目標

自己紹介の内容

・自分のことを紹介する。（名前、年齢、出身地、出身校）

・今までにしてきたことを紹介する。
（卒業した学校、働いたことのある職種　など）

・自分にできることを紹介する。
（免許、資格、特技、経験した仕事の内容　など）

▼

例：「就職活動」

　私はチェ・ソンホンと申します。24歳です。出身は韓国のソウルです。3年前に日本に来て、名古屋の専門学校に入りました。今年の3月に卒業する見込みです。専門学校では、日本語をはじめ、中国語や英語を勉強したので、4か国語を話すことができます。語学力を生かした仕事がしたいと思っています。

 練習3

クラスの友達と練習しましょう。

練習1 下線の文を考えましょう。

(例) 日本には、__ＪＲ__ をはじめ、有名な鉄道会社がたくさんあります。
(1) 世界には、_____をはじめ、福祉環境がしっかりと整っている国があります。
(2) _____といえば、_____を思い浮かべます。

練習2 会話を完成させましょう。

(例) A：Bさんは何か資格を持っていますか。
　　B：ええ、実は、__英検__ とか __漢検__ とか、結構持っているんですよ。
　　A：へえー、すごいですね。
(1) A：今までにどんな映画を見たことがありますか。
　　B：_____、いろいろ見ました。Aさんは何を見ましたか。
　　A：私も、_____、いろいろ見ました。
(2) A：いつか、行ってみたい国ある？
　　B：うん、_____、いっぱいあるよ。Aさんは？
　　A：_____に行ってみたいと思ってるんだ。

練習3 自己紹介をしましょう。

　今までにしてきたことや、これから何をしたいか、何に興味があるかなど、ていねいな言葉で発表してみましょう。

外務大臣　団体　語学力　鉄道　整う　思い浮かべる
英検（英語検定）　漢検（漢字検定）

第18課

応用練習 −話す−

Ⅰ
今井：高橋さん、最近お見合いしたらしいですよ。
スタット：へえーっ、お見合いですか。うまくいったんでしょうか。
今井：さあ。でも高橋さんは (a) 見た目はともかく、優しくて、本当にいい人ですからね。
スタット：確かに (b) いつもニコニコしていて、おだやかそうですね。
今井：そうでしょう。話し方からして、(c) 優しさが表れていると思いませんか。
スタット：うーん、直接お話したことがないので、分かりませんが…。
今井：彼は (d) 性格がいいだけじゃなく、後輩の面倒見もいいから将来は出世間違いなしです。
スタット：へええ。のんびりして見えるけど、実はすごい方なんですね。
今井：ええ。あのロうるさい部長でさえ、ほめているくらいなんですから。
スタット：じゃあ、お見合いもうまくいったかもしれませんね。

課題　＿＿＿のところを入れ替えて練習しましょう。

(1) (a) 性格・背が高くてかっこういい ― (b) 女性社員に人気がありそう ― (c) 自信 ― (d) かっこういい・仕事もできる
(2) (a) 本気かどうか・口がうまい ― (b) 話がうまそう ― (c) 調子の良さ ― (d) 口がうまい・上司に気に入られている

Ⅱ
今井：スタットさんは、日本に来る前から日本語の勉強をしていたんですか。
スタット：いいえ、日本に来てから勉強を始めたんです。
今井：えっ！　それで２年でここまで話せるようになったんですか。
スタット：ええ、最初はひらがなさえ読めなかったんですよ。
今井：へええ。じゃあ、苦労したでしょう。
スタット：ええ。でも、周りの人達は、ひらがなからして読めないんだから、話せないのも無理はないと思っていたようです。
今井：それで？

スタット：漢字はともかく、ひらがなぐらいは書けるようになりたいと
　　　　　思ってがんばりました。
今　井：それが、今では話せるだけじゃなく、日本語で書類まで書ける
　　　　　ようになったんですね。
スタット：ええ。勉強してみると、日本語はおもしろいですからね。

課題　スタットさんの立場になって、出来事を発表しましょう。

私は＿＿＿＿＿＿＿＿＿＿＿＿＿＿＿＿＿＿ので、とても苦労した。
最初は＿＿＿＿＿＿＿＿ので、周りの人達は＿＿＿＿＿＿＿＿のも
無理はないと思っていたようだ。しかし、今では＿＿＿＿＿＿＿＿＿＿
ばかりではなく、＿＿＿＿＿＿＿＿＿＿＿ようになった。

応用練習－書く－

あなたは、「人生はお金さえあれば幸せになれる」という意見に
賛成ですか、反対ですか。賛成の人はなぜそう思うのか、また、反対
の人にとって必要だと思うものは何か、それぞれの意見を述べましょ
う。

_____
_____
_____
_____
_____

　　お見合い（する）　　ニコニコ（する）　　おだやかな　　優しさ
　　面倒見がいい　　口うるさい　　口がうまい　　調子の良さ

第19課

> 別说是通知了，连重要的个人信息都会被轻而易举地看到。

お知らせどころか、個人の大事な情報でさえ簡単に見られてしまう。

目標 二つの物事が対照的であることを説明できるようにしましょう。

　　家から一歩も外に出なくても得られる情報の量が、最近どんどん増えている。家でパソコンを開いて、インターネットのアイコンをクリックしたとたんに、世界中の情報を見ることができるようになったのだ。
　　世界で最もパソコンの普及率が高い国では、3世帯に2世帯の割合でパソコンを持っていて、今では、パソコンを持つことが当たり前の時代になっている。
　　しかし、世界には、韓国のような通信技術が非常に発達している国がある一方で、まだまだ整備されていない国や地域がたくさんある。そうすると、お互いの国の情報交換がうまくいかなくなって、政治や経済の面でいろいろな差が現れてしまう。
　　日本の中だけを見ても、大きな都市の通信技術が発達している反面、まだまだ整備されていない地域がたくさんあって、住んでいる場所によって得られる情報量に差が現れる。
　　さらに言えば、同じ地域に住み、同じようにパソコンを持っている人の中でも、その機能を十分に使える人と使えない人との間には、得られる情報量に差が生まれる。このような様々な格差を「デジタルディバイド」という。
　　デジタルディバイドには様々な問題がある。例えば、病院が医療に関するお知らせなどをだれでもネットで見られるようにしても、見せる側の期待に反して、その情報を最も

必要としているお年寄りがパソコンを持っていなかったり、使えなかったりする。そのようなことをなくすためにパソコンを普及させると、今度は安全性が下がってしまい、病院からのお知らせどころか、個人の大事な情報でさえ、簡単に見られてしまうこともある。そして、知らないうちに自分の個人情報が犯罪に使われてしまっていたりもする。
　この問題は、整備を進めれば解決するという簡単な問題ではないため、現在、世界中で対策が考えられている。

質問

① 今は、どんな時代だと言っていますか。

___

② 「デジタルディバイド」とは何ですか。

___

③ 通信技術を整備したら、どんな問題が起きますか。

___

まとめ：本文の内容と合っているものを一つ選びなさい。
① 日本にはデジタルディバイドの問題はない。
② デジタルディバイドは、日本のみならず世界中で問題になっている。
③ パソコンを使える人は、デジタルディバイドの問題とは関係ない。

新出語彙

対照的な　一歩も出ない　アイコン　クリック（する）　〜世帯
通信　様々な　格差　デジタルディバイド

重要な文型と表現

1 ～一方（で）

例1 V 一方（で）（ある物事について二つの面を対比して示す）

技術が発達している国がある一方で、まだまだ整備されていない国もある。
彼女は有名な小説家である一方、一人の母親でもある。

例2 Aい／Aな 一方（で）

あの人は仕事が速い一方、かなり雑だ。
この辺りは車も少なく静かな一方、夜は真っ暗で怖い。

練習 ＿＿＿に言葉を入れて文を完成させましょう。

(1) このマンションは駅に近くて便利な一方で、＿＿＿＿＿＿＿＿＿＿。
(2) 一人暮らしは＿＿＿＿＿＿＿＿、寂しいと感じることもある。
(3) 姉は母の仕事を手伝う一方で、＿＿＿＿＿＿＿＿＿＿。
(4) 親は子を厳しくしかる一方で、＿＿＿＿＿＿＿＿＿＿。

2 ～反面

例1 V 反面 （一面では～と考えられるが、別の面から見ると）

この薬は風邪によく効く反面、すぐに眠くなる。
情報交換が簡単になった反面、個人情報の保護は難しくなった。

例2 Aい／Aな 反面

北海道は気候が厳しい反面、自然が豊かだ。
都会に住むのは便利な反面、危険も多い。

練習 ＿＿＿に言葉を入れて文を完成させましょう。

(1) 車は＿＿＿＿＿＿、運動不足になりがちだ。
(2) 彼女は＿＿＿＿＿＿、言葉づかいが悪い。
(3) このスーパーは品物が良い反面、＿＿＿＿＿＿＿＿＿＿。
(4) 彼はいつもおとなしい反面、＿＿＿＿＿＿＿＿＿＿。

3 〜に反して

例 Nに反して（〜とは反対に）

私の意志に反して、サークルの会長にさせられてしまいました。
見せる側の期待に反して、その情報を最も必要としている人が見られないことがある。

練習 ＿＿＿に言葉を入れて文を完成させましょう。

(1) ＿＿＿＿＿＿＿＿＿＿＿＿＿＿、雨が降ってきた。
(2) 会社を継いでほしいという父の＿＿＿＿＿＿に反して、私は＿＿＿＿＿
   ＿＿＿＿と思っている。
(3) 私の期待に反して、＿＿＿＿＿＿＿＿＿＿＿＿＿＿＿＿＿＿。
(4) みんなの予想に反して、＿＿＿＿＿＿＿＿＿＿＿＿＿＿＿＿＿＿。

4 〜どころか

例1 V／A／N どころか（〜のとは反対に…）

妹は、おとなしいどころか、とてもおしゃべりでうるさい。
お知らせどころか、個人の大事な情報でさえ、簡単に見られてしまう。

例2 〜どころか…ない（〜はもちろんだが、…もない）

彼は、漢字どころかひらがなも書けない。
祖母は、海外どころか国内旅行もまともにしたことがない。

練習 ＿＿＿に言葉を入れて文を完成させましょう。

(1) あの歌手は人気があるどころか、＿＿＿＿＿＿＿＿＿＿＿＿。
(2) この大学の入試問題は難しいどころか、＿＿＿＿＿＿＿＿＿＿。
(3) ダイエットしたのに、＿＿＿＿＿＿＿＿どころか、＿＿＿＿＿＿＿＿。
(4) 隣の人とは＿＿＿＿＿＿＿＿＿、言葉を交わしたこともありません。

対比（する）　雑な　辺り　効く　保護（する）　豊かな
言葉づかい　おとなしい　まともな　入試　（言葉を）交わす

第19課

復習と関連表現

復習 　対比を表すときに使う文型

〜に対して
Vの／Aいの／Aなの／N ＋ に対して

例文　① 彼が怒りっぽいのに対して、彼女はいつもおだやかです。
　　　② 日本のまんがは、世界各地に輸出されているのに対して、海外のまんがは、あまり日本に入って来ない。

【そのほかの表現】
　〜に比べて　　　〜かわりに　　　〜にかわって

【使い方】
　使える場面　対比するものが同じグループのとき
　　・野球をする子供が減ってきたのに対して、サッカーをする子供が増えてきました。　　○

　使えない場面　対比するものが別のグループのとき
　　・野球をする子供が減ってきたのに対して、まんがを読む子供が増えてきました。　　×

上手な文章の書き方

◆対比させる表現を使って、伝えたいことを強調して書く。

対比の表現
①反対の意味の言葉を使う。
②対比の意味を持つ言葉を使う。

例：
①明るい・暗い　早い・遅い
　話す・黙る　歩く・走る　　など
②〜に対して　〜に比べて
　〜かわりに　〜にかわって　　など

例：
　私には山梨県に住んでいる友達がいる。私の住んでいる静岡は海に面しているのに対して、山梨県は山に囲まれている。だから、私の家に遊びに来ると、彼女はいつも海に行きたがる。そして、ゆっくり歩く私を置いて、彼女は走って砂浜へ向かうのだ。

対比②　対比①

▶ 練習3

クラスの友達と練習しましょう。

練習1 後に続く文を考えましょう。

(例) ＣＤやＭＤプレイヤーにかわって、最近では　音をデータにして聞くのが主流　となってきました　。
(1) 私の国の料理は日本の料理に比べて、＿＿＿＿＿＿。
(2) 歌舞伎は＿＿＿＿＿に対して、宝塚は＿＿＿＿＿。

練習2 対比させて説明しましょう。

(例) 野球・バレーボール
  → （　野球はバレーボールに比べて使う道具の値段が高いです。　）
(1) オレンジ・いちご
(2) 船・飛行機
(3) 日本・あなたの国
(4) 私・友達の〇〇さん

練習3 対比させている部分を見つけましょう。

　先週、みんなで山登りに行きました。山といっても、富士山のような高くて険しい山ではなくて、頂上まで1時間ぐらいのゆるやかな山でした。
　しかし、最近、全く運動をしていない私は、途中で何度も休憩しながら進まなければなりませんでした。疲れた顔をして、何も話さずにただ黙々と歩いている私に対して、みんなは、口笛や歌を歌いながら、笑顔でどんどん進んでいきました。帰りの電車の中でも、ぐったりしている私のとなりで、みんなは楽しそうに話をしていました。

黙る　　面する　　囲む　　プレイヤー　　主流　　宝塚（※歌劇）
いちご　　険しい　　ゆるやかな　　休憩（する）　　黙々と
ぐったり（する）

応用練習 −話す−

Ⅰ
渡辺：佐藤さん、新しい仕事には、もう慣れた？
佐藤：ええ、みなさん親切でいい職場なんですが、辞めていく人も多いようなんです。
渡辺：そう。たしか、今度の職場は (a) 暇そうだと言っていたよね。
佐藤：それが、(b) 暇などころか、食事をする時間もないんですよ。
渡辺：じゃあ、面接のときの話と違って、(c) 大変なんだね。
佐藤：ええ、(d) お給料が高くてやりがいがある反面、残業も多いんです。
渡辺：へえ、そんなに (c) 大変なんだ。
佐藤：ええ。今は会社に勤めながら、資格を取るための勉強をしています。
渡辺：大変だろうけど、がんばってね。

課題　＿＿＿のところを入れ替えて練習しましょう。

(1) (a) 忙しそう ― (b) 忙しい・たまに仕事が来ると奪い合いになる
　 ―(c) 暇な ― (d) 暇で楽な・やりがいがなくてつまらない
(2) (a) 楽しそう ― (b) 楽しい・だれも話をしていない ― (c) 厳しい
　 ―(d) 私語が禁止で厳しい・仕事の効率はとてもいい

Ⅱ
道子：日本に来たばかりの頃と今の生活を比べて、どう違いますか。
ビル：そうですね…。一番違うのは、やはり日本語が話せるようになったことでしょうか。生活する上でかなり違いますね。
道子：そうですか。そんなに違うものですか。
ビル：ええ。初めは日本語のあいさつどころか、「あいうえお」さえ知らなかったんですから。
道子：えっ、そうだったんですか！
ビル：最近では、生活には不自由しなくなった反面、日本の習慣には戸惑うことが多いです。
道子：不自由していないように見えましたが、そんな悩みがあったんですね。

課題 道子さんの立場になって、出来事を発表しましょう。

ビルさんは＿＿＿＿＿＿＿＿＿＿を比べると、一番の違いは、＿＿＿＿＿＿＿＿＿＿ということだそうだ。初めは＿＿＿＿＿＿＿＿＿どころか＿＿＿＿＿＿＿＿さえ知らなかったのだから。しかし、最近では＿＿＿＿＿＿＿＿＿＿＿反面、＿＿＿＿＿＿＿＿＿＿＿のが悩みのようだ。

応用練習-書く-

あなたは自分の長所と短所をよく理解していますか。自分の性格の良いところと悪いところを比較して書いてください。その際に「〜一方で」「〜反面」という言葉を使って書きましょう。

_____
_____
_____
_____
_____

第19課

奪い合い　私語　効率　戸惑う　長所　短所

第20課

> 不愿意互相理解，就无法建立"新的国度"。

分かり合おうとしないかぎりは、「新しい国」を作ることはできない。

目標 物事を限定（する／しない）表現が使えるようにしましょう。

「国」という言葉の定義が、どんどん拡大している。

現在、日本は一つの「国」だ。我々日本人が「私の国」と言うときは、住んでいる地域に関わらず、「国」は「日本」という意味になる。

日本は今の「県」ができる前、19世紀の終わり頃までは、「藩」というもので住所が分けられていた。そして、その頃「私の国」と言えば、100％自分の生まれた「藩」のことを表していた。また、自分の住んでいる「藩」を出るときは、同じ日本の中なのに、パスポートのような許可証が必要で、許可証を持たずに勝手に「藩」を出ると、捕まえられて重い罰を受けなければならなかったのである。このように、少し前までは、「国」という言葉は、自分の住んでいる地域という意味しか持っていなかった。

今、世界には200を超える「国」がある。そして、その中のいくつかの「国」が一つに集まって、「新しい国」を作ろうとしている。アジアやアフリカやヨーロッパなど、いろんな地域で「新しい国作り」が行われている。

その中でも、ヨーロッパの「EU」に限っては、パスポートがなくてもフランスという「国」からイタリアという「国」に行くことができる。さらに、移動が便利になったことのみならず、通貨も一つになって、「EU」に加盟している「国」に限り、どの「国」でもその通貨を使って買い物をすることができる。（現在イギリスを除く。）

「新しい国作り」とは、このように、国境を越えて貿易や物の移動を簡単にして、経済や文化をお互いに発展させていこうというとても素晴らしい考えで進められている。そのとき、「国」と「国」、人と人をつなぐために欠かせないものが、自分と違う価値観を分かろうとする心と言葉である。
　「国」という言葉の持つ意味の範囲が広がれば広がるほど、いろいろな人と接する機会が多くなる。そこで、同じ人間同士が争っていて、分かり合おうとしない限りは、「新しい国」を作ることはできない。
　その意味で、違う「国」の文化や言葉を学ぶことは、自分の「国」を発展させるための第一歩なのかもしれない。

質問

① 日本では昔「国」という言葉は、どんな意味で使われていましたか。

_____

②「新しい国作り」をするために最も必要なものは何ですか。

_____

まとめ：本文の内容と合っているものを一つ選びなさい。
① 「新しい国」は、ヨーロッパの「EU」のことを表している。
② 「新しい国」は、国境を越えていろいろな交流ができる地域のことを表している。
③ 「新しい国」は、経済や文化が発展している地域のことを表している。

新出語彙

分かり合う　定義　我々　県　藩　罰　（罰を）受ける
EU　加盟（する）　除く　越える　欠かす　価値観　同士
第一歩

重要な文型と表現

1　～に　関わらず

例1　Nに　関わらず　（～に関係なく）

住んでいる地域に関わらず、「私の国」と言えば「日本」という意味になる。

例2　Vる－Vない　Aい－Aくない　に関わらず

できるできないに関わらず、挑戦することが大事です。
部屋は、広い広くないに関わらず、最寄駅周辺が便利かどうかで決めます。

練習　＿＿＿に言葉を入れて文を完成させましょう。

(1) 田中さんの最寄駅は、＿＿＿＿＿に関わらず、いつも混雑しているそうだ。
(2) ＿＿＿＿＿は、＿＿＿＿＿＿に関わらず、だれでも楽しめるでしょう。
(3) 好き嫌いに関わらず、与えられた仕事は＿＿＿＿＿＿＿＿＿＿＿。
(4) ＿＿＿＿＿に関わらず、必要なら自分の意見は＿＿＿＿＿＿＿＿＿。

2　～に　限って／限り／限らず

例1　Nに　限って／限り　（～の場合だけは）

「EU」に限っては、パスポートがなくても国から国へ移動ができます。
学生に限り、半額で入場できます。

例2　Nに　限らず　（～だけでなく…）

ユーロはイタリアに限らず、フランスでも使えます。

練習　＿＿＿に言葉を入れて文を完成させましょう。

(1) この車両は朝7時から9時に＿＿＿＿＿、女性専用車両になります。
(2) この＿＿＿＿＿は、＿＿＿＿＿＿、学割料金で買えます。
(3) ＿＿＿＿＿に限らず、＿＿＿＿＿でも正しくない敬語を使う人がいます。

(4) あの人に限って、＿＿＿＿＿＿＿＿＿＿＿＿＿＿はずがない。

3　〜のみならず

例　V／Aい／N　のみならず　（〜だけでなく）

部長のお宅でごちそうになったのみならず、お土産までいただいた。
この湖は、風景が美しいのみならず、水も澄んでいます。
あのミュージシャンは若者のみならず、中高年にも人気があります。

練習　＿＿＿に言葉を入れて文を完成させましょう。

(1) あの寺には、有名な仏像が＿＿＿＿＿＿＿、美しい庭園もあります。
(2) 彼は＿＿＿＿＿＿＿＿＿、音楽の才能もある。
(3) ＿＿＿＿＿＿＿のみならず、＿＿＿＿＿＿＿まで失ってしまった。

4　〜限りは／限り

例　Vる／ない　Aい／Aな　限りは／限り　（〜の状態が続く間は）

分かり合おうとしない限りは、「新しい国」を作ることはできない。
体が健康な限り、この仕事を続けていこうと思っています。

練習　＿＿＿に言葉を入れて文を完成させましょう。

(1) 保証人が＿＿＿＿＿＿＿＿＿アパートを貸すわけにはいかない。
(2) この旅館はとても人気があるので＿＿＿＿＿＿＿＿、泊まれません。
(3) もっと単語力を身につけない限りは、＿＿＿＿＿＿＿＿＿＿。
(4) このまま仕事が忙しい限り、＿＿＿＿＿＿＿＿＿＿。
(5) これからも好景気が＿＿＿＿＿＿限り、＿＿＿＿＿＿＿でしょう。

周辺　半額　ユーロ　専用　学割　澄む　ミュージシャン
中高年　仏像　庭園　保証人　好景気

復習と関連表現

復習　範囲を（定める／定めない）ときに使う文型

～を（は）問わず

N ＋ を（は）問わず

例文　① 私は職種を問わず、いろいろなアルバイトを経験しました。
　　　② 今回の募集は、年齢は30歳までですが、性別は問いません。

【そのほかの表現】

～から…にかけて　　～から…まで　　～をはじめ

～だけ　　～しか　　～のみ　　～も

上手な説明の読み方

◆範囲を限定（する／しない）表現を理解して、正確な情報を読み取る。

例：「携帯電話の料金プラン」

プランA：基本料金 3200円/1か月
　通話料：朝7時から夜7時まで 10円/1分　夜7時から朝7時まで 40円/1分

プランB：基本料金 5500円/1か月
　通話料：朝7時から夜7時まで 15円/1分　夜7時から朝7時まで 20円/1分

プランC：基本料金 1980円/1か月
　通話料：朝7時から夜7時まで 30円/1分　夜7時から朝7時まで 40円/1分

▼

一番得な料金プランを選ぶ

①ほとんど仕事のときだけしか使わない人　→　（　プランA　）
②昼夜を問わずよく使う人　　　　　　　　→　（　　　　　）
③メールだけで、ほとんど通話はしない人　→　（　　　　　）

【正確な情報を読み取る必要がある文章】
・契約書（保険、銀行、不動産、カード）　・商品の取り扱い説明書
・プラン表（料金、スケジュール）　など

▶ 練習3

クラスの友達と練習しましょう。

練習1 範囲を限定しないで言いましょう。

（例）フランス語ができれば、どこの国の人でもいいです。
　→　（　フランス語ができれば、国籍は問いません。　）
(1) 経験があれば、何歳かは関係ありません。
(2) やる気があれば、男女どちらでもいいです。

練習2 範囲を表して話しましょう。

（例）　夕方から夜に　かけて、雨が降ります。
(1) ゆうべは、＿＿＿＿＿＿＿しか寝られませんでした。
(2) ＿＿＿＿＿＿＿にかけては、バンドに夢中でした。
(3) ＿＿＿＿＿＿＿をはじめ、いろいろな資格を持っています。
(4) ＿＿＿＿＿＿＿ばかりでなく、＿＿＿＿＿＿＿も上手だ。

練習3 どんな人を募集しているか、読み取りましょう。

　千葉市では、現在ボランティアを募集しております。地域の外国人の方への通訳ボランティアとして、中国語・韓国語・ポルトガル語の通訳ができる方を募集しています。国籍は問いませんが、日常会話以上の日本語が話せることが条件です。土日どちらかだけでも結構です。半日しかできないという方はご相談ください。

定める　読み取る　基本　昼夜　契約書　取り扱い　バンド
半日

応用練習 −話す−

Ⅰ
応募者　：もしもし、御社の求人について、お伺いしたいのですが。
人事担当：はい、お電話ありがとうございます。
応募者　：この度の募集は、(a) 国内の営業所だけでしょうか。
人事担当：いえ、今回の募集は (a) 国内の営業所に限らず、(b) 海外の支店で支店長として勤務できる方も募集しています。
応募者　：そうですか。(c) 営業の経験は必要でしょうか。
人事担当：いいえ、経験の有無に関わらず、やる気のある方を採用したいと思っています。
応募者　：来週の説明会に参加させていただきたいのですが。
人事担当：はい。当日は説明会だけではなく、(d) 面接も行いますので10時にお越しください。
応募者　：分かりました。では、よろしくお願いいたします。

課題　＿＿＿のところを入れ替えて練習しましょう。

(1) (a) 都内の販売店 ― (b) 地方の各販売店で ― (c) 販売 ― (d) 販売店の見学会
(2) (a) 総合職 ― (b) 一般職 ― (c) 事務 ― (d) 筆記試験

Ⅱ
ビル：道子さんのお母さんは、本を読むボランティアをしてるそうですね。
道子：ええ。母は毎週末、目が不自由な人のために本を読んでテープに吹き込んだり、児童福祉施設を訪ねて読み聞かせをしたりしてるんですよ。
ビル：へえ、どんな本を読むんですか。
道子：ジャンルに関わらず、要望があれば何でも読むそうです。子供たちのために絵本を読むのが一番楽しいって言ってました。
ビル：長く続けてるんですか。
道子：ええ、私が小学生になった頃からだから、もう14年近く続けてるの。
ビル：14年も！　すごいですね。
道子：体力が続く限りは、ずっと続けて行こうと思ってるようですよ。
ビル：へえ、僕も参加してみようかな。
道子：ぜひ、どうぞ。読み聞かせのボランティアだけじゃなく、いろい

ろ募集してるみたいですよ。

課題 ビルさんの立場になって、出来事を発表しましょう。

道子さんのお母さんは＿＿＿＿＿＿＿＿＿＿＿＿＿＿＿＿＿＿＿＿＿そうだ。
＿＿＿＿＿＿＿＿＿のために＿＿＿＿＿＿＿＿＿＿＿たり、子供たちのために
＿＿＿＿＿＿＿＿＿たりしているということだ。＿＿＿＿＿＿＿に関わらず、
＿＿＿＿＿＿＿＿＿＿が、＿＿＿＿＿＿＿＿＿＿＿＿が一番楽しいらしい。
＿＿＿＿＿＿＿＿＿＿のみならず、＿＿＿＿＿＿＿＿＿＿＿＿＿ので、
私も参加してみようと思った。

応用練習 –書く–

消防士や看護師など、男女の割合に差がある職業は数多くあります。最近では職業の呼び方を変えたり、性別に関わらず仕事ができるようにして、その割合の差をなくそうとしています。
「男性に限らず女性でもできる職業」や「女性に限らず男性もしたほうがいい」と思うことは何ですか。その理由も書いてください。

＿＿＿＿＿＿＿＿＿＿＿＿＿＿＿＿＿＿＿＿＿＿＿＿＿＿＿＿＿＿
＿＿＿＿＿＿＿＿＿＿＿＿＿＿＿＿＿＿＿＿＿＿＿＿＿＿＿＿＿＿
＿＿＿＿＿＿＿＿＿＿＿＿＿＿＿＿＿＿＿＿＿＿＿＿＿＿＿＿＿＿
＿＿＿＿＿＿＿＿＿＿＿＿＿＿＿＿＿＿＿＿＿＿＿＿＿＿＿＿＿＿
＿＿＿＿＿＿＿＿＿＿＿＿＿＿＿＿＿＿＿＿＿＿＿＿＿＿＿＿＿＿

御社　求人　この度　営業所　支店　有無　〜店　当日
総合職　一般職　吹き込む　児童福祉施設　読み聞かせ
ジャンル　要望

第20課

新出文型一覧表

　　　　　　　文型（復習：シリーズNo-課）　　　　　本書ページ（課）

—あ—

〜あまり　　　　　　　　　　　　　　　　　　　　　　47（5）
・彼は驚きのあまり、言葉が出ませんでした。

—い—

〜以上（は）　　　　　　　　　　　　　　　　　　　　22（2）
・決勝戦にまで勝ち進んだ以上、全力で戦います。

〜一方（で）　　　　　　　　　　　　　　　　　　　 158（39）
・技術が発達している国がある一方で、まだまだ整備されていない国もある。

—う—

〜上で　　　　　　　　　　　　　　　　　　　　　　 22（2）
・論文を書く上で気をつけることは、テーマをはっきりさせることだ。

〜うちに／ないうちに（第三冊3-2）　　　　　　　　　 72（8）
・プレゼントを何にしようか悩んでいるうちに、日が暮れてしまった。

—え—

〜得る　　　　　　　　　　　　　　　　　　　　　　127（15）
・いじめは、どこの学校でも起こり得る問題です。

—お—

〜おそれがある（第三冊3-15）　　　　　　　　　　　128（15）
・日差しが強いので、熱中症になるおそれがあります。

—か—

〜か〜かのうちに　　　　　　　　　　　　　　　　　 70（8）
・学生は、チャイムが鳴るか鳴らないかのうちに、教室を出て行った。

〜かぎりは／かぎり　　　　　　　　　　　　　　　　165（20）
・分かり合おうとしないかぎりは、「新しい国」を作ることはできない。

〜がたい（第三冊3-20）　　　　　　　　　　　　　　 48（5）
・ここが昔は陸でつながっていたなんて信じがたいです。

〜かと思うと　　　　　　　　　　　　　　　　　　　 71（8）
・彼は一杯目のビールを飲み干したかと思うと、もう二杯目をついでいる。

〜かねない　　　　　　　　　　　　　　　　　　　　127（15）
・お酒を飲んで車を運転すると事故を起こしかねない。

〜かねる　　　　　　　　　　　　　　　　　　　　　 46（5）
・私は、その意見には賛成しかねます。

〜かのようだ 126 (15)
・彼は、人に聞いた話を自分で見てきたかのように話す。

〜からいうと 39 (4)
・犯人の心理からいうと、きっとまた現場に戻ってくるはずです。

〜からして 150 (18)
・彼はひらがなからして読めないのだから、漢字が書けないのも無理はない。

〜からすると／からすれば 94 (1)
・学生の立場からすると、1か月に10万円の家賃は高い。

〜からでないと 78 (9)
・欲しい物は、自分の手にとって確かめてからでないと買わない。

〜からといって 111 (13)
・値段が高いからといって、いい品物かどうかは分からない。

〜からには 23 (2)
・走るからには、絶対勝つつもりで走ります。

—き—

〜きり 62 (7)
・また連絡すると言ったきり、田中さんから何の連絡もない。

—く—

〜くらい／ほど（第三冊 3-8） 16 (1)
・一日中歩いて、もう歩けないぐらい疲れました。

—こ—

〜こそ 12 (1)
・この光景こそ、世界一のブラジルサッカーの原点だと思いました。

〜ことか 15 (1)
・「けんかはやめなさい」と何回注意したことか。

〜ことから 38 (4)
・林さんは中国語ができることから、代表に選ばれました。

〜ことだ 135 (16)
・友達と仲直りしたいなら、自分から謝ることだ。

〜ことだから 126 (15)
・彼のことだから、またいつもの寝坊だろう。

〜ことなく 23 (2)
・父は家族のために、休むことなく働きました。

~ことに 14 (1)
・驚いたことに、子供達ははだしで、走ったりボールを蹴ったりしていたのです。

~ことになっている（第三冊 3-11） 88 (10)
・お城の見学はバスで行くことになっています。

~ことには 79 (9)
・実際に商品を手にとってみないことには買物はできません。

~ことはない（第三冊 3-14） 104 (12)
・嫌いだったら、無理をして食べることはありません。

—さ—
~さえ／でさえ 151 (18)
・こんな簡単な漢字は、子供でさえ読める。

~さえ…ば（第三冊 3-13） 120 (14)
・ここさえ勉強しておけば、明日のテストは大丈夫です。

~ざるを得ない 46 (5)
・彼は日本語が全然分からないので、英語で説明せざるを得ません。

—し—
~次第 79 (9)
・大学に入れるかどうかは、面接の結果次第です。

~次第（時間）（第三冊 3-11） 80 (9)
・担当者が戻り次第、こちらからお電話いたします。

—す—
~末に 63 (7)
・買うかどうか何日も迷った末に、結局買うのをやめた。

~ずにはいられない 30 (3)
・声を上げずにはいられないほど、素晴らしい景色でした。

—せ—
~せいで（第三冊 3-17） 40 (4)
・台風のせいで、電車のダイヤが乱れています。

—た—
~だけあって／だけに／だけのことはある 14 (1)
・あきらめていただけに合格できてとてもうれしいです。

~たら（第一冊 1-19） 112 (13)
・このまま少子化が進んだら、ますます高齢化社会になります。

—つ—
~ついでに 70 (8)
・買物に行くついでに、手紙を出してきてください。

~つつ   71 (8)
・部屋の掃除をしなければならないと思いつつ、なかなかできません。

~つつある   63 (7)
・この町からも、美しい自然が失われつつあります。

—て—

~てしょうがない／しかたがない   31 (3)
・夕べ遅くまでテレビを見ていたので、眠くてしょうがない。

~てたまらない   31 (3)
・祖母は3歳になる孫がかわいくてたまらないようだ。

~てならない   30 (3)
・彼がうそをついているように思えてならなかった。

~てはならない（第一冊 1-13）   136 (16)
・手を使ってはならない。

~ても（第一冊 1-19）   112 (13)
・おかしいわ、4月になってもまだこの桜は咲きませんよ。

—と—

~というものだ   135 (16)
・いつまで経っても同じことを聞いていては、それこそ一生の恥というものだ。

~というよりも   102 (12)
・彼女はきれいというよりも、かわいいタイプだ。

~といっても   110 (13)
・あの山はきれいだといっても、登ってみるとごみがたくさん落ちている。

~と思われる／ように思われる（第二冊 2-31）   144 (17)
・鈴木選手は、いつもより緊張しているように思われます。

~通りに／通りに   54 (6)
・子供は親の思い通りにはならない。

~ところ   62 (7)
・高いお金を出してブランド品を買ったところ、にせものでした。

~どころか   159 (19)
・彼は、漢字どころかひらがなも書けない。

~ところです／ところへ（第三冊 3-1、17）   64 (7)
・今、録画をしているところですからビデオは見られません。

~どころではない   103 (12)
・母が入院して、友達と遊んでいるどころではない。

〜としたら／とすれば　　　　　　　　　　　　　　　　　　　　　119（14）
・外国へ行くとすれば、どこがいいですか。

―な―
〜ないことはない　　　　　　　　　　　　　　　　　　　　　　　100（12）
・タイほどではないけれど、東京でも野菜を作れないことはないんですよ。

〜ないではいられない　　　　　　　　　　　　　　　　　　　　　　30（3）
・子どもが転んだのはかわいそうだったが、笑わないではいられなかった。

〜ながら　　　　　　　　　　　　　　　　　　　　　　　　　　　110（13）
・吹奏楽部だったと言っても、残念ながらほとんどの人に信じてもらえない。

―に―
〜にあたって／あたり　　　　　　　　　　　　　　　　　　　　　　87（10）
・妻は出産するにあたり、実家近くの病院に移った。

〜に関わらず　　　　　　　　　　　　　　　　　　　　　　　　　166（20）
・できるできないに関わらず、挑戦することが大事です。

〜に限って／限り／限らず　　　　　　　　　　　　　　　　　　　166（20）
・学生に限り、半額で入場できます。

〜にかけては／かけても　　　　　　　　　　　　　　　　　　　　118（14）
・料理の盛り付けにかけては、現在日本で最も高い評価を得ている。

〜に関して／関する　　　　　　　　　　　　　　　　　　　　　　　54（6）
・就職活動に関して、3年生を対象に説明会が行われます。

〜に際して　　　　　　　　　　　　　　　　　　　　　　　　　　　86（10）
・緊急の場合に際しては、係員の指示にしたがって行動してください。

〜に先立って　　　　　　　　　　　　　　　　　　　　　　　　　　86（10）
・新作映画の公開に先立って、銀座で試写会が行われた。

〜にしたら　　　　　　　　　　　　　　　　　　　　　　　　　　　94（11）
・子供にしたら、親が思っているほど自分にとって大事なことだとは思っていない。

〜にしては　　　　　　　　　　　　　　　　　　　　　　　　　　　95（11）
・あの子は、小学生にしてはずいぶん体が大きい。

〜にしろ　　　　　　　　　　　　　　　　　　　　　　　　　　　　78（9）
・行くにしろ行かないにしろ、前日までにはご連絡します。

〜にすぎない　　　　　　　　　　　　　　　　　　　　　　　　　140（17）
・水面から上に見えている部分は、全体のわずか10％にすぎない。

〜に対して（第三冊3-13）　　　　　　　　　　　　　　　　　　　160（19）
・彼が怒りっぽいのに対して、彼女はいつもおだやかです。

〜に違いない　　　　　　　　　　　　　　　　　　　　　142 (17)
・彼女は昨日熱があったから、今日も欠席するに違いない。

〜について／ついての（第三冊 3-1）　　　　　　　　　　56 (6)
・環境問題についての論文を書いた。

〜にとって（第三冊 3-13）　　　　　　　　　　　　　　96 (11)
・彼女が辞めてしまうのは会社にとって、重大な問題です。

〜に反して　　　　　　　　　　　　　　　　　　　　　159 (19)
・私の意思に反して、サークルの会長にさせられてしまいました。

〜に基づいて　　　　　　　　　　　　　　　　　　　　55 (6)
・この記事は、被害者の話に基づいて書かれたものだ。

〜にわたって　　　　　　　　　　　　　　　　　　　　87 (10)
・この事件は、約10年にわたって調査された。

―の―
〜のみならず　　　　　　　　　　　　　　　　　　　　167 (20)
・部長のお宅でごちそうになったのみならず、お土産までいただいた。

―は―
〜ばかりか　　　　　　　　　　　　　　　　　　　　　151 (18)
・あの学生は答えるスピードが速い。そればかりか、間違いがほとんどない。

〜はともかく　　　　　　　　　　　　　　　　　　　　150 (18)
・彼は、見た目はともかく性格がとてもいい。

〜反面　　　　　　　　　　　　　　　　　　　　　　　158 (19)
・都会に住むのは便利な反面、危険も多い。

―へ―
〜べきだ／べきではない　　　　　　　　　　　　　　　132 (16)
・「分からないので教えてください」と言うべきなのである。

―ほ―
〜ほか（は）ない　　　　　　　　　　　　　　　　　　143 (17)
・美しい言葉が、とても悪い意味で使われているのは、本当に残念だと思うほかない。

〜ほかならない　　　　　　　　　　　　　　　　　　　142 (17)
・この事業の失敗は、私の責任にほかならない。

―ま―
〜まい（第三冊 3-13）　　　　　　　　　　　　　　　24 (2)
・彼にはもう二度と会うまいと心に決めました。

―も―

～ものだ 134（16）
・「住めば都」とは、慣れてしまえばどんな場所でも暮らしていけるものだという意味だ。

～ものなら 118（14）
・できるものなら、宇宙旅行へ行ってみたい。

～ものの 111（13）
・「二度としない」と約束はしたものの、守れる自信がない。

―よ―

～ようがない 47（5）
・資料が残っていないので、事実かどうか調べようがない。

―わ―

～わけではない 103（12）
・東京に畑が全くないわけではない。

～わけにはいかない（第三冊 3-4） 32（3）
・今日は車で来ているので、お酒を飲むわけにはいきません。

～わりに 95（11）
・今日は、休みのわりに道が空いている。

―を―

～を（は）問わず（第三冊 3-19） 168（20）
・私は職種を問わず、いろいろなアルバイトを経験しました。

～をきっかけにして 37（4）
・簡単な会話をきっかけにして、お客さんとの距離が近くなった気がしました。

～を通じて 38（4）
・家の近くで起きた事故なのに、テレビのニュースを通じて初めて知りました。

～をはじめ／はじめとして（第三冊 3-9） 152（18）
・外務大臣をはじめとする団体が、アメリカに到着しました。

～をめぐって 55（6）
・憲法の問題をめぐって、国会は荒れている。

五十音順ワードリスト

―あ―

ページ(課)
アイコン 图标 ... 156(19)
愛情 爱；爱情 ... 52(6)
上がる 怯场，紧张 ... 84(10)
明らかな 明显，显然 ... 140(17)
飽きる 腻，厌倦 ... 69(8)
悪用（する）滥用，用于不良目的 ... 129(15)
空ける 空开；空出 ... 98(11)
足あと 足迹，脚印 ... 81(9)
汗を流す 流汗 ... 12(1)
与える 给予；给…带来 ... 93(11)
頭にくる 气得发昏 ... 139(16)
辺り 附近 ... 158(19)
当たり前 当然，自然；普通 ... 98(11)
当たる 命中 ... 51(5)
扱う 操纵，处理 ... 12(1)
あっさり 轻松地，轻描淡写地 ... 92(11)
アップロード 上传 ... 36(4)
アナウンサー 广播员，报告员 ... 18(1)
余る 余，剩 ... 65(7)
あらかじめ 预先，事先 ... 88(11)
争い 争论，纠纷 ... 55(6)
争う 争；斗争；争论 ... 108(13)
新たに 新；重新 ... 131(15)
あらゆる 所有，一切 ... 145(17)
ありがたい 难得，少有；值得感谢 ... 96(11)
あるいは 或，或者 ... 76(9)
荒れる（言行等）闹；起风波；荒芜 ... 55(6)
あわただしい 慌张，匆忙 ... 84(10)

―い―

言い表す 表达，表示 ... 18(1)
言い出す 说出口 ... 50(5)
ＥＵ 欧盟 ... 164(20)
意外と 意想不到，出乎意料 ... 92(11)
息 呼吸；气息；步调 ... 72(8)
勢い 势头 ... 44(5)
息抜き（する）休息一会儿 ... 74(8)
石 石头，石子 ... 12(1)
意志 意志；意愿 ... 20(2)
医師 医生 ... 81(9)
維持（する）维持，保持 ... 20(2)
いじめ 欺辱，欺负 ... 127(15)
移住（する）移住，移居 ... 90(10)
いじる 摆弄；玩弄 ... 74(8)
至る所 到处 ... 12(1)
一応 大致；姑且 ... 128(15)
いちご 草莓 ... 161(19)
一時 暂时，一时 ... 133(16)
一人前 独当一面的人 ... 45(5)
一部 一部分 ... 41(4)
一生 一生，一辈子 ... 133(16)
一般職 普通职位 ... 170(20)
一般的な 一般的，普遍的 ... 111(13)
一歩も出ない 足不出户 ... 156(19)
移動（する）移动，转移 ... 28(3)
命 生命；寿命 ... 60(7)
いびき 鼾声 ... 74(8)
衣服 衣服 ... 76(9)
いや（いいや）不；哦，那么 ... 60(7)
イヤホン 耳机 ... 120(14)
依頼人 委托人 ... 46(5)
衣料品 衣料；服装 ... 68(8)
医療ミス 医疗事故 ... 140(17)
祝う 祝贺，庆祝；祝福 ... 90(10)
飲酒運転 酒后开车 ... 140(17)
印象 印象 ... 148(18)
引退（する）引退，退职 ... 52(6)

―う―

ウェブ 网络 ... 76(9)
ウキウキ（する）心里高兴，喜不自禁 ... 130(15)
浮く 漂浮 ... 140(17)
受け入れ 接纳；答应 ... 52(6)
受け取る 接，收；领会，理解 ... 16(1)
受ける 遭受 ... 164(20)
失う 丢失，迷失 ... 63(7)
疑う（疑い）怀疑；猜测 ... 17(1)
宇宙旅行 太空旅行 ... 118(14)
打つ 碰，撞 ... 129(15)
うっかり 不注意，不留神；发呆 ... 124(15)
移す 着手，开始 ... 71(8)
移る 搬迁；转移 ... 28(3)
うなぎ 鳗鱼 ... 124(15)
奪い合い 相互争夺 ... 162(19)
うまくいく 关系好；进行得顺利 ... 66(7)
生まれつき 天性，天生 ... 83(9)
有無 有无 ... 170(20)
うわの空 心不在焉，漫不经心 ... 130(15)

―え―

英会話 英语会话 ... 66(7)
営業所 营业所 ... 170(20)
影響（する）影响 ... 41(4)
英検（英語検定）实用英语技能检定 ... 153(18)
映像 影像；形象 ... 38(4)
英文 英文，英国文学 ... 148(18)
笑顔 笑颜，笑脸 ... 12(1)
江戸時代 江户时期 ... 44(5)
ＭＢＡ 经营管理学硕士 ... 90(10)
演技 演技，表演 ... 25(2)
延期（する）延期 ... 145(17)
演劇 演剧，戏剧 ... 26(2)
エントリーシート 招聘会登记表 ... 84(10)

―お―

追い越す 赶过，超过 ... 33(3)
王国 王国 ... 12(1)
ＯＬ 女职员 ... 36(4)
大げんか（する）大吵一架 ... 66(7)
大騒ぎ 大吵大闹，大混乱；轰动 ... 130(15)
大通り 大路，大街 ... 36(4)
大幅な 大幅度，广泛 ... 41(4)
おかげさま 托您的福 ... 16(1)
犯す 犯，违犯 ... 140(17)
補う 补上；补偿 ... 74(8)
起こす 发生（疾病）... 50(5)
おしゃれな 时尚的 ... 36(4)
汚職事件 贪污事件 ... 140(17)
おそらく 恐怕，大概 ... 128(15)
おだやかな 平稳；温和 ... 154(18)
落ち込む 意志消沉 ... 92(11)
落ちる 落第，未合格 ... 93(11)

179

落とす 失落；丧失 .... 60(7)
おとなしい 老实；乖；听话 .... 158(19)
お盆 盂兰盆会 .... 144(17)
お見合い（する）相亲 .... 154(18)
思い浮かべる 想起，忆起 .... 153(18)
思い込み 深信，确信 .... 108(13)
思いつく 想到，想起 .... 121(14)
思わぬところ 意想不到的地方 ..... 132(16)
親子 父母和子女 .... 31(3)
下りる 发下来，批下来 .... 82(9)
お別れ 离别，辞别 .... 90(10)
追われる 催逼，忙迫 .... 74(8)
御社 贵公司 .... 170(20)
〜オンチ …感觉迟钝的人 .... 122(14)
温度 温度，热度 .... 121(14)

―か―

〜街（中華街）…街（中华街） ...... 57(6)
開会（する）开会，开幕 .... 87(10)
開業（する）开业；正在营业 .... 27(2)
解決（する）解决 .... 54(6)
外見 表面，外表 .... 99(11)
開始（する）开始 .... 56(6)
介助犬 介护犬 .... 53(6)
改正（する）修改，修正 .... 52(6)
懐中電灯 手电筒 .... 121(14)
快適な 舒适，舒服 .... 121(14)
開店（する）开设店铺，开张 .... 36(4)
ガイド 导游；指南 .... 42(4)
解答（する）解答 .... 80(9)
解答欄 答题栏 .... 80(9)
飼い主 饲养主，主人 .... 52(6)
回復（する）恢复；挽回 .... 63(7)
外務大臣 外务大臣，外交部长 ..... 152(18)
かえって 反倒，反而 .... 34(3)
顔を合わせる 见面，碰头 .... 138(16)
かかえる 抱；承担 .... 30(3)
科学的な 科学的 .... 124(15)
欠かす 缺，缺少 .... 165(20)
係員 负责人，主管人员 .... 86(10)
関わる 关系到；有牵连 .... 46(5)
家業 家里的工作；父业 .... 63(7)
各〜 各… .... 44(5)
かく 打（鼾） .... 74(8)
額 金额，数量 .... 82(9)
格差 差距，差别 .... 156(19)
確実な 准，确实；可靠 .... 144(17)
隠す 掩盖；隐藏 .... 140(17)
（産業）革命 （产业）革命 .... 81(9)
学割 学生折扣 .... 166(20)
かける 花费 .... 58(6)
かける 添（麻烦） .... 132(16)
囲む 围，包围 .... 160(19)
餓死（する）饿死 .... 151(18)
〜か所 …个地方 .... 98(11)
硬い 硬；坚固；坚定；僵硬 .... 145(17)
片手 一只手 .... 36(4)
かたまり 块 .... 140(17)
カタログ 目录，商品目录 .... 76(9)
価値観 价值观 .... 165(20)
勝ち進む 获胜后进入下一阶段的比赛 ..... 22(2)
勝ち負け 胜负，输赢 .... 27(2)
勝手な 随便，专断 .... 108(13)
活動（する）活动，工作 .... 58(6)
仮定（する）假定，假设 .... 116(14)
叶える 使…达到，满足 .... 63(7)

重なる 重叠；赶在一起 .... 15(1)
カフェ 咖啡店 .... 36(4)
壁紙 墙纸 .... 105(12)
構う 介意；管，顾；照顾 .... 26(2)
がまん（する）忍耐；饶恕；将就 ..... 30(3)
加盟（する）加盟 .... 164(20)
空手 空手道 .... 25(2)
枯れる 枯萎 .... 120(14)
過労 过劳，疲劳过度 .... 142(17)
交わす 交，交换 .... 159(19)
考え出す 想起，想出 .... 76(9)
考え直す 重新考虑 .... 45(5)
感激（する）感激，感动 .... 12(1)
漢検（漢字検定）（日语）汉字检定 ... 153(18)
感じ 感觉；印象；感情 .... 18(1)
感情 感情 .... 16(1)
間接 间接 .... 48(5)
感嘆 感叹，赞叹 .... 134(16)
かん違い（する）认错，判断错误 ... 146(17)
管理人 管理员 .... 41(4)

―き―

機会 机会 .... 13(1)
企画（する）规划，计划 .... 22(2)
気が進まない 没兴趣，没干劲 ..... 143(17)
気が小さい 心眼小，气量小 .... 99(11)
気が散る 精神涣散，不集中 .... 30(3)
聞き取る 听见，听懂；听取 .... 88(10)
効く 有效，起作用 .... 158(19)
帰国子女 归国子女 .... 18(1)
記事 新闻，消息 .... 55(6)
帰省（する）回老家，探亲 .... 144(17)
奇跡 奇迹，不可思议的事 .... 123(14)
期待（する）期待，希望 .... 20(2)
気付く 注意到，发觉 .... 18(1)
気に入る 称心，喜欢 .... 77(9)
気になる 担心，放不下心 .... 66(7)
気の毒 可怜；可惜；对不起 .... 60(7)
基本 基本，基础 .... 168(20)
義務 义务，本分 .... 24(2)
逆接 逆接，转折（语法用语）..... 108(13)
客船 客船 .... 140(17)
逆に 反过来，反倒 .... 36(4)
客観的な 客观的 .... 32(3)
キャッチボール 投接球练习 .... 12(1)
ギャップ 分歧，差距；鸿沟 .... 99(11)
キャンプ 露营；帐篷 .... 79(9)
休暇 休假 .... 122(14)
救急車 救护车 .... 47(5)
休憩（する）休息 .... 161(19)
求人 招聘 .... 170(20)
きゅうり 黄瓜 .... 124(15)
〜教 …教 .... 57(6)
業界 行业，业界 .... 13(1)
行事 仪式，活动 .... 138(16)
行列 队伍，排队 .... 26(2)
極端な 极端 .... 151(18)
ぎりぎり 最大限度，极限 .... 130(15)
議論（する）议论，讨论 .... 55(6)
禁酒（する）戒酒；禁酒 .... 34(3)
近所付き合い 邻里关系 .... 138(16)

—く—

崩す（身体）欠佳；打乱	135(16)
具体的な 具体的，实际的	77(9)
口うるさい 话多，爱唠叨	154(18)
口がうまい 嘴甜，会奉承	154(18)
口ごたえ（する）顶嘴，还嘴	118(14)
口をそろえる 异口同声地说	61(7)
ぐったり（する）筋疲力尽	161(19)
配る 分配，分发	54(6)
首 头，头颈	108(13)
クビ 撤职，解雇	130(15)
工夫 设法，想办法	45(5)
組み合わせ 配合，组成	124(15)
悔しい 令人懊悔，遗憾	16(1)
クリーニング 洗衣服；干洗	75(8)
クリック（する）点击	156(19)
グループ 群，团体	145(17)
苦しい 痛苦；艰难；苦恼	25(2)
クレーム 索赔，不满	146(17)
クレジットカード 信用卡	129(15)
加える 加；追加；包含	32(3)

—け—

景気 景气，市面	39(4)
契約書 合约书，合同书	168(20)
契約（する）契约，合同	73(8)
決意（する）决心，下决心	24(2)
欠航（する）停班，停航	41(4)
結構 相当	94(11)
決して 决（不），绝对（不）	25(2)
決勝戦 决赛	22(2)
決心（する）（下）决心，决意	20(2)
険しい 险峻；险恶	161(19)
県 县	164(20)
圏外 不在服务区；圈外，范围以外	41(4)
健康診断 体检	137(16)
健康な 健康的	120(14)
検査 检查，检验	81(9)
現実 现实，实际	123(14)
現地 当地；现场	42(4)
限定（する）限定，限制	69(8)
原点 原点；出发点	12(1)
検討（する）讨论，研究	63(7)
現場 现场	39(4)
憲法 宪法	55(6)

—こ—

恋しい 怀恋，眷恋	28(3)
子犬 小狗	52(6)
更衣室 更衣室	136(16)
幸運な 侥幸，幸运	15(1)
高価 高价，大价钱	68(8)
効果 效果	114(13)
公害 公害	42(4)
後悔（する）航海，航行	136(16)
航海（する）后悔	140(17)
豪華な 豪华，奢华	140(17)
交換（する）交换	146(17)
講義 讲解，讲义	54(6)
公共 公共	53(6)
光景 景象，情景	12(1)
好景気 好景气，繁荣	167(20)
こうした 这样的	28(3)
後者 后者	76(9)
交渉（する）谈判，交涉	62(7)
降水確率 降水概率	128(15)
交通量 交通量，通行量	30(3)
行動力 行动力	29(3)
構内 建筑内，区域内	88(10)
後半 后半，后一半	76(9)
合否 合格与否	65(7)
効率 效率	162(19)
交流（する）交流，往来	89(10)
航路 航线，航路	41(4)
超える 翻越，跨越	100(12)
越える 越过，超过	165(20)
声を上げる 大声说；放声	30(3)
氷 冰	140(17)
語学 外语；语言学	18(1)
語学力 外语能力，语言学习能力	152(18)
ごく 非常，极其	100(12)
国土 国土，领土	76(9)
国民 国民	33(3)
心に決める 下定决心	24(2)
応える 响应，不辜负	20(2)
こだわり 讲究；拘泥	45(5)
国境 国境，边境	60(7)
小包 包裹，邮包	70(8)
言葉づかい 措辞	158(19)
ことわざ 谚语，俗语	133(16)
この度 这次，此次	170(20)
細かい 细小；详细	77(9)
こまつな 小松菜	101(12)
コミュニケーション 通信，交流	148(18)
込める 集中；贯注；饱含	52(6)
転がる 滚动；倒下	12(1)
ゴロゴロ 骨碌骨碌（滚动的样子）	12(1)
ゴロゴロする 闲呆，无所事事	122(14)
壊す 弄坏，伤害	39(4)
今回 此次，此番	89(10)
根拠 根据，依据	128(15)

—さ—

再開（する）再开始，重新进行	80(9)
最終 最后，最末尾	14(1)
サイダー 汽水	34(3)
サイト 网站；站点	125(15)
採用（する）采用，采纳	84(10)
坂 斜坡	20(2)
探し求める 追求，寻觅	15(1)
盛んな 繁盛；盛大，积极	100(12)
作成（する）写；制订	76(9)
作戦 作战策略，计划	84(10)
昨晩 昨晚	41(4)
さす 打（伞）	110(13)
さすが 不愧是；毕竟还是	14(1)
定める 定，制定	168(20)
雑な 粗糙；草率	158(19)
さっさと 赶快地，赶紧地	75(8)
雑草 杂草	12(1)
作法 礼法，礼仪	58(6)
サポート（する）支持；供养	52(6)
様々な 各种各样的	156(19)
左右（する）支配，影响	148(18)
参考 参考，借鉴	56(6)

— し —

市　市, 城市 .... 12(1)
じーっと　一动不动地 .... 12(1)
仕送り（する）寄生活补贴 .... 139(16)
資格　资格, 身份 .... 92(11)
しかも　而且, 并且 .... 140(17)
時期　时期, 期间 .... 71(8)
至急　火速, 赶快 .... 106(12)
事業　事业；实业 .... 142(17)
仕組み　结构, 构造 .... 76(9)
私語　私语, 小声说话 .... 162(19)
時刻　时刻, 时候 .... 41(4)
自己主張　自我表现 .... 145(17)
指示（する）指示；吩咐 .... 52(6)
事実　事实 .... 46(5)
試写会　试映会 .... 86(10)
沈む　沉没 .... 113(13)
施設　设施；孤儿院；养老院 .... 53(6)
事前　事前, 事先 .... 90(10)
自然現象　自然现象 .... 80(9)
仕度（する）准备；装束 .... 65(7)
親しい　亲近, 亲昵 .... 138(16)
漆器　漆器 .... 44(5)
実技　实际技巧, 实用技术 .... 92(11)
湿気　湿气, 潮气 .... 121(14)
しつけ　教育, 教养 .... 146(17)
実験（する）实验；体验 .... 55(6)
実現（する）实现 .... 112(13)
実行（する）实行, 执行 .... 22(2)
湿度　湿度 .... 121(14)
支店　分店 .... 170(20)
時点　时间, 时候 .... 84(10)
指導（する）指导, 教导 .... 66(7)
児童福祉施設　儿童福利院 .... 170(20)
死ぬ気　必死的决心, 拼命 .... 78(9)
縛る　绑, 捆；束缚 .... 65(7)
島国　岛国 .... 96(11)
社会福祉　社会福利 .... 56(6)
謝罪（する）谢罪, 赔罪 .... 57(6)
車両　车厢 .... 18(1)
ジャンル　种类；体裁 .... 170(20)
従業員　工作人员, 职工 .... 90(10)
集金（する）收款, 催收 .... 65(7)
就職課　就业指导中心 .... 84(10)
第一希望　第一志愿 .... 84(10)
住宅街　住宅区 .... 129(15)
終電　末班电车 .... 46(5)
シュート　投篮；射门 .... 105(12)
柔道　柔道 .... 108(13)
収入　收入, 所得 .... 36(4)
十分な　充分, 足够 .... 120(14)
周辺　周边, 四周 .... 166(20)
住民票　户籍, 户口 .... 105(12)
シュガーレス　无糖 .... 34(3)
修行（する）修行, 学习 .... 116(14)
手術室　手术室 .... 65(7)
首相　首相, 总理 .... 86(10)
主人　店主；丈夫 .... 44(5)
手段　手段, 办法 .... 38(4)
主張（する）主张 .... 144(17)
出血　出血 .... 65(7)
出産（する）生孩子, 分娩 .... 87(10)
出世（する）成功, 发迹 .... 139(16)
主流　主流 .... 161(19)
瞬間　瞬间, 刹那 .... 64(7)
順接　顺接（语法用语）........... 113(13)

〜書（説明書）…书 .... 23(2)
賞　奖, 奖品 .... 27(2)
〜状　…函, …书 .... 105(12)
上位　上位, 排名靠前 .... 20(2)
障害　障碍；毛病, 残疾 .... 53(6)
しょうがない　没有办法, 无可救药 ... 92(11)
条件　条件；条款 .... 113(13)
常識　常识, 常情 .... 96(11)
正直な　老实 .... 138(16)
昇進（する）升级, 晋升 .... 86(10)
少数　少数 .... 142(17)
上達（する）进步 .... 66(7)
衝動　冲击, 冲动 .... 28(3)
承認（する）承认, 同意, 批准 ..... 82(9)
少年　少年 .... 38(4)
乗馬　骑马；骑的马 .... 38(4)
商売（する）买卖；经营 .... 44(5)
昭和（時代）昭和时期 .... 44(5)
食中毒　食物中毒 .... 41(4)
職人　手艺人, 工匠 .... 44(5)
職場　工作单位, 职场 .... 117(14)
食欲　食欲 .... 78(9)
食料品　食品 .... 68(8)
徐々に　徐徐；逐渐 .... 63(7)
所属（する）所属 .... 33(3)
しょっちゅう　经常, 总是 .... 114(13)
処理（する）处理, 处置 .... 107(12)
知らんぷり（する）佯装不知 .... 146(17)
知り合い　熟人；朋友 .... 30(3)
知り合う　相识, 互相了解 .... 38(4)
私立　私立, 私立学校 .... 92(11)
真　真正 .... 135(16)
新学期　新学期 .... 73(8)
真剣な　认真, 正经 .... 113(13)
信号待ち　等红绿灯 .... 82(9)
新作　新作品 .... 86(10)
人事　人事（变动）................... 139(16)
真実　真相 .... 79(9)
新人　新人, 新手 .... 132(16)
新鮮な　新鲜；清新 .... 28(3)
身長　身高, 个子 .... 108(13)
慎重な　慎重, 小心谨慎 .... 58(6)
新入社員　刚进公司的新员工 ... 132(16)
新年　新年, 正月 .... 111(13)
親友　至交, 好朋友 .... 114(13)
信用（する）相信；信赖 .... 63(7)
心理　心理 .... 39(4)
心理学　心理学 .... 57(6)

— す —

スイカ　西瓜 .... 124(15)
吹奏楽　管弦乐 .... 108(13)
水道　自来水（管）..................... 12(1)
水分　水分；汁液 .... 72(8)
睡眠　睡眠；休眠 .... 74(8)
水面　水面 .... 140(17)
スイング　挥杆 .... 66(7)
数〜　数… .... 69(8)
進む　前进；进展 .... 131(15)
素直な　坦率, 纯朴 .... 138(16)
素晴らしい　极好；极美 .... 14(1)
スピード　速度 .... 68(8)
スペース　空间；空白 .... 68(8)
済ませる　弄完, 办完；对付, 将就 ..... 42(4)
済む　完了；过得去；解决 .... 61(7)
澄む　清澈, 澄清 .... 167(20)

日本語	中文	ページ
すると	于是；这么说来	32(3)
座り込む	坐下不动；坐着不走	146(17)

— せ —

日本語	中文	ページ
精一杯	竭尽全力	150(18)
正確な	正确的，准确的	72(8)
～世紀	…世纪	76(9)
政策	政策	144(17)
製作会社	制作公司	13(1)
生産量	产量	44(5)
清掃活動	清扫活动	138(16)
製造（する）	制造	62(7)
整備（する）	配备；修建，铺修	12(1)
成分表	成分表	125(15)
生命保険	人寿保险	106(12)
西洋	西洋，欧美	44(5)
責任	责任，职责	23(2)
世間	社会，世上	38(4)
～世帯	…户	156(19)
積極的な	积极的	138(16)
接する	接触；应酬	97(11)
接続（する）	连接，接续	112(13)
説得（する）	说服，劝导	136(16)
設立（する）	设立，成立	90(10)
洗顔料	洗颜奶	121(14)
選挙	选举，推选	33(3)
宣言（する）	宣言，宣布	62(7)
前後	前后	80(9)
先日	前几天，前些日子	99(11)
前日	前一天	78(9)
選手団	运动员团队	145(17)
全体	全身；全体	58(6)
先方	对方	82(9)
専用	专用	166(20)
全力	全力	22(2)
線路	铁路，轨道	100(12)

— そ —

日本語	中文	ページ
早期（退職）	提前（退休）	26(2)
総合職	综合职位	170(20)
そうして	然后，接着	29(3)
想像（する）	想象	42(4)
底	底；最低处；内心	140(17)
そっくりな	一模一样	31(3)
卒論	毕业论文	85(10)
外履き	室外穿的鞋	136(16)
備える	准备，防备；设置；具备	135(16)
そのうち	不久，过几天	114(13)
染め物	染布	44(5)
空模様	天空的样子，天气情况；形势	71(8)
そろえる	备齐；使整齐	36(4)
尊敬（する）	尊敬	150(18)

— た —

日本語	中文	ページ
～隊	…队	72(8)
第一歩	第一步	165(20)
大金	巨款	122(14)
代金	价款，货款	76(9)
退屈な	无聊，闷	17(1)
対策	对策，应对方法	104(12)
たいした～	了不起的；不值得一提的	110(13)
たいして～ない	不怎么…	95(11)
体重	体重	108(13)
対照的な	对比鲜明，正相反	156(19)

日本語	中文	ページ
タイタニック号	泰坦尼克号	140(17)
体調不良	身体不舒服	62(7)
態度	态度，表现	74(8)
対比（する）	对比，对照	158(19)
逮捕（する）	逮捕，捉拿	113(13)
ダイヤ	行车时间表	40(4)
絶える	断绝，终了	53(6)
耐える	忍耐；负担，经受住	96(11)
互いに	互相	124(15)
耕す	耕	60(7)
宝塚	宝冢歌舞团	161(19)
宝物	宝物，宝贝	97(11)
竹	竹子	44(5)
確かに	的确，确实	98(11)
確かめる	弄清，查明	65(7)
～出す	…起来	62(7)
訪ねる	访问，拜访	44(5)
戦う	作战；斗争；比赛	108(13)
立ち読み（する）（在书店里不买书）站着阅读		116(14)
立てる	使…立于	38(4)
立てる	立，制定	84(10)
旅立つ	出发，启程	71(8)
食べ合わせ	膳食搭配	124(15)
たまたま	偶然，碰巧	45(5)
たまる	积攒；积压	28(3)
黙る	不说话，沉默	160(19)
ため	利益，好处	62(7)
頼る	依靠	26(2)
だらしない	散漫，没规矩；没出息	150(18)
ダラダラ（する）	冗长；磨蹭	122(14)
だるい	发倦，慵懒	34(3)
段	段位	25(2)
単位	学分	84(10)
単純な	单纯，简单	148(18)
短所	短处，缺点	163(19)
誕生（する）	出生；成立	68(8)
団体	团体	152(18)
断定（する）	断定，判断	140(17)
田んぼ	水田	100(12)
ダンボール	纸板，纸板箱	65(7)

— ち —

日本語	中文	ページ
近道	近道；捷径	149(18)
近寄る	靠近；接近	48(5)
痴漢	色情狂	140(17)
地名	地名	38(4)
着陸（する）	着陆，降落	41(4)
中高年	中老年	167(20)
忠告（する）	忠告，劝告	62(7)
中心点	中心	55(6)
中断（する）	中断	80(9)
注目（する）	注目，注视	38(4)
昼夜	昼夜	168(20)
～長	…长	116(14)
聴解犬	导听犬	53(6)
長期	长期	28(3)
調子のよさ	状态之好	154(18)
長所	长处，优点	163(19)
町内会	街道大会	138(16)
調味料	调料	119(14)
調理師	厨师	114(13)
治療（する）	治疗，医治	82(9)

183

— つ —

語	意味	頁
つい	一不留神就，无意中	35(3)
ついさっき	就刚才	65(7)
追突（する）	追尾	82(9)
ついに	终于	36(4)
通勤（する）	上下班，通勤	74(8)
通じる	通；通晓	28(3)
通信	通信，通讯	156(19)
通知	通知，告知	65(7)
通路	道路；通道	146(17)
通話（する）	通话	89(10)
継ぐ	继承	63(7)
伝わる	流传；传说；传来	42(4)
つながる	连接；排列；牵连，导致	48(5)
つなげる	系；接；维系	148(18)
常に	时常，经常	69(8)
つまらない	没有价值；无聊，没意思	121(14)
つまり～ということだ	就是…的意思	43(4)
つまる	堵塞，不通；塞满	45(5)
積む	积累，积攒	90(10)
つり革	（公交车上拉手的）吊环	146(17)
連れ	领着，带着	31(3)

— て —

語	意味	頁
提案（する）	提议，建议；提案	22(2)
庭園	庭院，花园	167(20)
低下（する）	降低，低落	145(17)
定義	定义	164(20)
低血圧	低血压	50(5)
定時	准时；定期	119(14)
停止（する）	停止，禁止	129(15)
提出（する）	提出，交	105(12)
出来上がる	做完，做好	36(4)
適性検査	适应性检查	84(10)
テクニック	技巧，手法	149(18)
デザイン	设计，图案	90(10)
デジタルディバイド	信息量差异	156(19)
手続き（する）（办）手续		28(3)
鉄道	铁路，铁道	153(18)
徹夜	彻夜，通宵	127(15)
手に取る	拿在手里	76(9)
手に入る	到手，得到	122(14)
テレビ局	电视台	18(1)
～店	…店	170(20)
電化製品	电器产品	68(8)
天候	天气	41(4)
天国	天堂；理想境界	119(14)
転職（する）	转业，改行	91(10)
天敵	天敌	97(11)
伝統工芸	传统工艺	44(5)
電話線	电话线	42(4)

— と —

語	意味	頁
℃（ど）	度	144(17)
問い合わせる	打听，咨询	50(5)
～党	…党	33(3)
倒産（する）	倒闭，破产	151(18)
～同士	彼此，…们	165(20)
当日	当日，当天	170(20)
同情（する）	同情	60(7)
どうせ	反正，总归	133(16)
当然	当然，应当	23(2)
当選（する）	当选；中彩	33(3)
当店	本店	78(9)
堂々と	堂堂正正，无所顾忌	18(1)
通りかかる	恰巧路过	45(5)
得な	合算	113(13)
特徴	特征，特色	99(11)
どこまでも	无论到哪里都；始终，彻底	100(12)
ところが	然而，可是	28(3)
読解	阅读理解	96(11)
とっくに	早就，老早	106(12)
届ける	送，送到；申报	76(9)
整う	齐备	153(18)
とにかく	总之，不管怎样，姑且不论	30(3)
～とは限らない	不一定，未必…	109(13)
飛び出す	跑出去；突然出现	70(8)
戸惑う	不知所措	163(19)
取り扱い	对待；操作；处理	168(20)
取り組む	努力，专心致志，致力，埋头	82(9)
取り残される	被剩下，被留下	145(17)
取りのぞく	除掉，去掉	12(1)
ドリブル	带球，运球	105(12)
とる	摄取，吸取	72(8)
取る	负，承担	93(11)
取る	请（假），领取	122(14)
どれほど	多少；多么	15(1)
トロンボーン	长号	108(13)
トン	吨	140(17)
とんこつ	猪骨	68(8)
どんなに	多么；无论如何	15(1)

— な —

語	意味	頁
～内	…内	28(3)
なお	仍然，尚未；再者，另外	88(10)
長生き（する）	长寿	61(7)
仲直り（する）	和好，言归于好	67(7)
なかなか	颇，非常	117(14)
長年	多年，常年累月	129(15)
仲間	朋友，伙伴	90(10)
仲良くなる	关系好	138(16)
慰める	安慰；慰劳	60(7)
投げ出す	放弃，半途而废	126(15)
NASA	美国国家航空航天局	87(10)
なす	做，进行	59(6)
慣れ	习惯	148(18)
南極	南极	140(17)
何とかする	想办法，设法	26(2)

— に —

語	意味	頁
肉体的な	肉体上的，生理上的	29(3)
ニコニコ（する）	笑嘻嘻，笑眯眯	154(18)
にせもの	假冒的东西	62(7)
日用品	日用品	68(8)
日系	日裔；日资	115(13)
日本食	日本的食物	28(3)
入試	入学考试	159(19)
入社（する）	进公司（工作）	31(3)
ニュースキャスター	新闻解说员	108(13)
入店（する）	进入店里	53(6)
にらめっこ	对峙；盯着看	36(4)

— ぬ —

語	意味	頁
ぬれる	淋湿，沾湿	40(4)

―ね―

値下げ（する）降低价格............ 49(5)
ネジ 螺丝，螺钉................. 146(17)
熱中症 中暑..................... 128(15)
ネット 网络；网.................. 36(4)
狙う 瞄准；寻找机会.............. 48(5)
～年がかり 耗时…年.............. 82(9)
年間 一年....................... 26(2)
年中無休 全年照常营业............ 68(8)
年度 年度，届................... 89(10)
年々 每年，逐年................. 59(6)
念のため 为了慎重起见........... 128(15)
年末 年末，年终................. 95(11)

―の―

ノイローゼ 神经衰弱；神经官能症.... 50(5)
農業 农业...................... 100(12)
農作物 农作物................... 120(14)
農民 农民....................... 76(9)
ノート型パソコン 笔记本电脑...... 121(14)
残り 残余，剩余................. 140(17)
載せる 刊登..................... 36(4)
除く 除了...................... 164(20)
望む 希望，期望；眺望............ 94(11)
のどから手が出る 形容很想得到的样子 17(1)
伸びる 伸长；扩大............... 100(12)
述べる 陈述，说明............... 131(15)
上り（坂）上坡路................. 20(2)
上る 达到....................... 58(6)
飲み合わせ 饮用搭配.............. 124(15)
飲み干す 喝干，喝光.............. 71(8)
乗り込む 乘上，坐进.............. 74(8)
乗る 起劲，有干劲............... 102(12)
載る 登载，记载................. 116(14)
乗る 参与，参加................. 138(16)

―は―

場合 场合；情况.................. 22(2)
配信（する）（通讯公司等）发布信息... 38(4)
破壊（する）破坏，毁坏........... 131(15)
ばかにする 轻视，瞧不起.......... 132(16)
吐く 吐出，呼出.................. 72(8)
派遣社員 派遣制员工.............. 50(5)
はさまる 夹..................... 17(1)
恥 耻辱，羞耻................... 133(16)
走り回る 到处跑；四处奔走......... 12(1)
恥をかく 出丑，丢脸............. 133(16)
パス 传球...................... 105(12)
外れる 脱落，离开；不中，落空..... 36(4)
畑 旱地，田地；专业领域........... 60(7)
はだし 赤脚，光着脚.............. 12(1)
～発 …出发的.................... 41(4)
初 最初，首次.................. 145(17)
罰 惩罚，处罚.................. 164(20)
発言（する）发言................ 108(13)
発展（する）发展，扩展，活跃...... 38(4)
派手な 花哨，华丽................ 99(11)
離す 拉开距离.................... 20(2)
離れる 离开；离去；脱离.......... 100(12)
場面 场面，情景.................. 84(10)
張りかえる 重新张贴，重新张挂.... 105(12)
バリバリ 干劲十足............... 123(14)
晴れる（疑云）消散............... 17(1)
パワー 力量；权力............... 105(12)

藩 藩.......................... 164(20)
半額 半价...................... 166(20)
犯罪 犯罪....................... 38(4)
反省（する）反省................ 139(16)
バンド 乐队.................... 169(20)
半日 半天...................... 169(20)
反応（する）反应；反响........... 148(18)

―ひ―

～費 …费....................... 58(6)
日当たり 向阳，向阳处............ 98(11)
比較文化 比较文化................ 58(6)
日が暮れる 日暮，天黑............ 72(8)
引き続き 继续，接着............. 88(10)
引き取る 领养，领走；回去........ 52(6)
日差し 阳光照射................. 128(15)
非常に 非常，特别................ 13(1)
筆記 笔记....................... 24(2)
必死な 拼命.................... 114(13)
否定（する）否定................. 48(5)
一言 一句话..................... 20(2)
人手 人手....................... 50(5)
人見知り（する）认生，怕生....... 138(16)
一目ぼれ 一见钟情............... 130(15)
ビニールひも 塑料打包带.......... 65(7)
日にち 天数；日期................ 62(7)
氷山 冰山，浮冰................ 140(17)
氷山の一角 冰山一角............. 140(17)
表情 表情，神情................ 145(17)
拾う 选出，招呼；拾起............ 103(12)
広げる 打开..................... 74(8)
～品 …东西...................... 42(4)
～便 …班次...................... 41(4)
貧血 贫血....................... 50(5)
貧乏 贫穷....................... 78(9)

―ふ―

ファッションモデル 时装模特...... 18(1)
ファン 粉丝，迷.................. 20(2)
不安な 不安，担心............... 132(16)
部下 部下；属下.................. 35(3)
吹き込む 录音.................. 170(20)
普及（する）普及................. 42(4)
付近 附近，一带.................. 41(4)
吹く 吹，吹奏.................. 108(13)
副～ 副…...................... 116(14)
複雑な 复杂..................... 13(1)
服装 服装，穿着................. 99(11)
ふさぐ 堵，阻挡................ 146(17)
不思議な 奇怪的；不可思议的....... 14(1)
武士道 武士道................... 25(2)
不始末 不注意；不规矩........... 142(17)
普段 平时，平常................ 114(13)
ぶつかる 碰；遇上；赶上.......... 140(17)
物件 房产，房屋.................. 36(4)
仏像 佛像...................... 167(20)
不得意な 不擅长的............... 145(17)
部品 零部件.................... 129(15)
部分 部分...................... 88(10)
不法滞在 非法滞留............... 140(17)
不満 不满，不满意................ 28(3)
不満を抱く 对…心怀不满........... 58(6)
プライバシー 个人隐私............ 46(5)
ぶら下がる 垂吊，悬着；耷拉..... 146(17)
フラッシュ 闪光灯............... 137(16)

185

日本語	中文	ページ
ぶらりと	无目的地；无所事事地	44(5)
ブランコ	秋千	12(1)
ブランド品	名牌货	62(7)
振り込み	存入；汇款	70(8)
振り向く	回头；理睬	64(7)
ふるう	挥动	137(16)
プレイヤー	播放器	161(19)
フレックスタイム	弹性工作时间	50(5)
ブログ	博客	36(4)
プロジェクト	项目，课题	82(9)
分割（する）	分割，分期付	102(12)
文章	文章	96(11)
分析（する）	分析；剖析	87(10)
文末	文章，句子的结尾	56(6)
分野	领域，范围，方面	145(17)

—へ—

平均	平均；平均值	144(17)
兵士	士兵	60(7)
ペーパーテスト	笔试	148(18)
～別	按…区分	108(13)
別々な	分别，各自	98(11)
ペラペラ	流利；滔滔不绝	18(1)
辺	一带，附近	102(12)
変更（する）	变更，改变	41(4)
編集（する）	编辑	55(6)
ペンション	家庭旅馆	90(10)

—ほ—

ポイント	点；小数点；要点	20(2)
暴飲暴食	暴饮暴食	111(13)
包帯	绷带	106(12)
報道（する）	报道	140(17)
忘年会	年终联欢会	57(6)
豊富な	丰富	123(14)
法律	法律	22(2)
暴力	暴力，武力	137(16)
ポータブル	轻便，可携带	12(1)
ボート	小船，小艇	113(13)
保険	保险	82(9)
歩行	步行，行走	52(6)
保護（する）	保护	158(19)
誇り	自豪，骄傲；荣誉	44(5)
ほこり	尘土，灰尘	116(14)
ボサボサ	头发蓬乱	116(14)
ポジション	职位；位置	108(13)
保証人	担保人	167(20)
北極	北极	140(17)
本格的な	正式的，真正的	84(10)
本気な	真的；认真	124(15)
ほんの	不过，仅仅	100(12)
翻訳（する）	翻译	25(2)

—ま—

参る	吃不消，叫人为难	83(9)
舞う	飘舞；舞蹈	116(14)
孫（外）孫子，（外）孙女		31(3)
混じる	混，掺杂	146(17)
間違いない	一定，没错	148(18)
街中	市内，街上	95(11)
真っ赤	通红	16(1)
まともな	正经，正派	159(19)
まめな	勤恳；认真	135(16)
間もない	不久	134(16)
間もなく	不久，一会儿	60(7)
迷う	犹豫	63(7)
万一	万一；倘若	106(12)
満足な	满意的	16(1)
万引き	扒窃	140(17)
満々	充满	26(2)

—み—

見かける	看到，偶尔看见	74(8)
見方	看法，见解	102(12)
見込み	希望；可能性；预定	144(17)
自ら	自己；亲自，亲身	76(9)
未成年	未成年（人）	23(2)
味噌	酱，大酱	68(8)
見た目	看起来，外观	150(18)
乱れる	乱，错乱；混乱	40(4)
見つける	看到，找到	140(17)
見つめる	凝视，注视	143(17)
南向き	朝南	98(11)
身に付ける	学到手，掌握	133(16)
都	首都，繁华的都市	134(16)
ミュージシャン	音乐人	167(20)
妙な	奇怪；格外	130(15)
診る	诊察，看病	35(3)
民間	民间，民营	53(6)

—む—

無～	无，没有…	119(14)
昔々	很久以前	60(7)
向ける	朝，向；使前往	36(4)
蒸し暑い	闷热	34(3)
無視（する）	无视，不顾	146(17)
無人島	无人岛	123(14)
むだな	徒劳；浪费	12(1)
夢中	热中；忘我	12(1)
無理はない	理所当然	150(18)
無料	不要钱，免费	76(9)

—め—

メイク落とし	卸妆水	121(14)
迷惑な	麻烦的，令人讨厌的	75(8)
恵まれる	（得到）好条件，好环境，好运	12(1)
目指す	以…为目标	26(2)
目覚める	睡醒，醒悟	34(3)
目立つ	显眼，引人注目	18(1)
めったな	不常，不多	116(14)
メディア	媒体；媒介	76(9)
目にする	实际看到，亲眼见到	12(1)
面	方面	36(4)
免許	许可证，执照	90(10)
面する	面向，面临	160(19)
面倒臭い	非常麻烦，极其费事	106(12)
面倒な	麻烦，费事，棘手	75(8)
面倒見がいい	会照顾人	154(18)

—も—

申し訳ない	十分对不起，实在抱歉	67(7)
盲導犬	导盲犬	52(6)
黙々と	不声不响，默默	161(19)
持ち主	持有者，所有人	82(9)
持ち運び	搬运，移动	121(14)
持ちよる	各自带来凑在一起，拼	89(10)
もったいない	可惜，浪费	12(1)

もって 到…为止 .... 88(10)
もと 身边;在…之下 .... 52(6)
もともと 本来,根本 .... 68(8)
もも 大腿 .... 60(7)
模様 花样;样子,动静 .... 144(17)
最寄り 附近,(距离)最近的 .... 103(12)
盛り付け 把食物装盘,摆盘 ... 116(14)
問題点 争论点 .... 53(6)

— や —

やがて 不久,马上 .... 29(3)
焼き物 陶瓷器;烤的菜肴 ...... 44(5)
約～ 大约… .... 52(6)
役員 干部;董事 .... 142(17)
やけど(する) 烧伤,烫伤 ...... 106(12)
優しさ 温柔之处 .... 154(18)
野生 野生 .... 123(14)
やはり 果然 .... 14(1)
やむ 停止 .... 80(9)
やりがい 做的价值 .... 37(4)

— ゆ —

優秀な 优秀 .... 19(1)
友情 友情 .... 135(16)
有利な 有利 .... 108(13)
ユーロ 欧元 .... 166(20)
豊かな 丰富,宽裕 .... 158(19)
油断(する) 疏忽大意 .... 111(13)
ゆるやかな 缓慢;宽松 .... 161(19)

— よ —

洋傘 洋伞 .... 44(5)
幼稚園 幼儿园 .... 92(11)
要望 要求,期望 .... 170(20)
余計な 多余 .... 34(3)
横綱 横纲(相扑选手的最高级别) ... 18(1)
予算 预算 .... 79(9)
読み聞かせ 读给别人听 ...... 170(20)
読み取る 领会,理解 .... 168(20)
余裕 富余;从容 .... 143(17)

— ら —

来日(する) 来日本 .... 114(13)
楽な 简单,轻松;舒适 .... 132(16)
ラグビー 橄榄球 .... 108(13)

— り —

～率 …率 .... 63(7)
リポーター 记者 .... 144(17)
留年(する) 留级 .... 130(15)
料金 费用,使用费 .... 68(8)
両立(する) 两立,并存 .... 139(16)
料理人 厨师 .... 116(14)
了承(する) 谅解 .... 41(4)
リレー 接力,传递 .... 122(14)

— る —

ルームメイト 室友 .... 64(7)

— れ —

レギュラー 正式选手,主力 .... 105(12)
レコーディング(する) 录音,记录 ... 26(2)
レッスン 课,课程 .... 66(7)

— ろ —

老人 老人,老年人 .... 60(7)
労働条件 劳动条件,工作条件 ... 58(6)
労働力 劳动力,劳力 .... 60(7)
ローン 贷款;信用交易 .... 33(3)
録画(する) 录像 .... 64(7)
ろくな 像样的,正经的 .... 85(10)

— わ —

我が～ 我…,我们的… .... 88(10)
和傘 日式伞 .... 44(5)
分かり合う 相互理解 .... 164(20)
分かれる 分开,分歧 .... 55(6)
わき腹 侧腹部 .... 129(15)
和紙 日本纸 .... 44(5)
わずか 仅;稍微 .... 28(3)
我々 我们,咱们 .... 164(20)
ワンルーム 我们,咱们 .... 98(11)

187

日本語教育教材開発委員会
Textbook Ad Hoc for Japanese Language Education

(五十音順・敬称略)

猪狩美保 (Igari Miho)　　　長井卓也 (Nagai Takuya)
井村コオスケ (Imura Kosuke)　平澤悦子 (Hirazawa Etsuko)
加藤登美恵 (Kato Tomie)　　藤井良広 (Fujii Yoshihiro)
鎌田忠子 (Kamata Tadako)　藤田幸次 (Fujita Koji)
鎌田 舞 (Kamata Mai)　　　三吉礼子 (Miyoshi Reiko)
古川めぐみ (Kogawa Megumi)　矢島清美 (Yajima Kiyomi)

　　　　　　　　　　　　イラスト
　　　　　　　　　　　　奥村 献 (Okumura Sasagu)

新东方日语教研组
主编：疏蒲剑
编委：花文緦、李鸿秋、大岛裕之、杨玲、阮泠熠、赵明阳、梁莹、唐鹤英、孙晓杰
排版：何婉玎
封面设计：沙懿陶、陈佳音